Spaans
spreken en begrijpen

Originele titel: *Hugo Spanish Phrase Book*
© MCMXCIII Hugo's Language Books Ltd/Lexus Ltd.
All rights reserved.
© Zuidnederlandse Uitgeverij N.V., Aartselaar, België,
MCMXCVI. Alle rechten voorbehouden.
Deze uitgave: voor Boekenvoordeel, Almere.
Gedrukt in België.

D-MCMXCVIII-0001-554
NUR 507

INHOUD

Uitspraak, basiswoordenschat

Voorwoord	4
Uitspraak	5
Courante uitdrukkingen	6
Dagen, maanden, seizoenen	18
Getallen	19
Tijd/kalender	20

Verblijf en rondreizen

Hotels	23
Camping	29
Villa's en appartementen	32
Verkeer en auto	37
Rondreizen	45

Eten en drinken, ontspanning

Restaurant	58
Menugids	63
Winkelen	79
Sport	90

Service

Post en bank	96
Telefoon	101
Noodgevallen	108
Medische verzorging	113

Woordenboek 120

VOORWOORD

Deze taalgids is samengesteld door experts om toeristen en zakenlui te helpen tijdens hun verblijf in Spanje of een ander Spaanstalig land. Hij vermeldt niet alleen losse woorden, maar ook kant-en-klare zinnen, die gerangschikt zijn in rubrieken als 'Hotels', 'Winkelen', 'Medische verzorging', enz. In het woordenboek achteraan vindt u bovendien een tweeduizendtal items, zodat u de standaardzinnetjes makkelijk kunt aanpassen aan de eigen behoeftes. Verder bevat dit boek een menugids, die u wegwijs maakt in de Spaanse keuken en ongeveer 600 gerechten verklaart.

In deze taalgids vindt u ook antwoorden (en uiteraard hun vertaling!) terug die de mensen u zullen geven op uw vragen, alsook aanwijzingen die u her en der ter plaatse zult lezen. Om de uitspraak te vergemakkelijken worden de Spaanse woorden en zinnen bovendien op Nederlandse wijze gespeld (zie ook Uitspraak, blz. 5). Dankzij deze taalgids zult u moeiteloos uw weg vinden in het Spaans!

UITSPRAAK

Indien u de aangepaste spelling leest, dient u de klemtoon te leggen op dat deel van het woord dat onderstreept is. Let er bovendien op dat u alle klinkers halflang uitspreekt en dat een doffe 'e' in het Spaans niet bestaat. De Spaanse 'v' klinkt als een zachte 'b' in het Nederlands en wordt in de aangepaste spelling ook zo vermeld. Indien u nog correcter Spaans wilt praten, besteed dan aandacht aan de volgende punten (letters tussen ' ' refereren aan de aangepaste spelling):

- d wordt op het woordeinde meestal niet uitgesproken.
- g voor een 'e' of een 'i' wordt uitgesproken als onze 'ch' in lachen, anders dan de nasale 'G' (zie hieronder).
- 'G' dit is niet de 'g' als in 'gaan', maar eerder de nasale 'g' als in het Franse 'garçon'.
- h wordt in Spaanse woorden niet uitgesproken. In een vreemd woord als 'el hobby' (hobby) klinkt 'h' ongeveer als 'ch'.
- j wordt als 'ch' in lachen uitgesproken.
- ll is in het Spaans één letter, die ongeveer als lj wordt uitgesproken.
- ñ een 'n' met een 'tilde' (~) erboven wordt als nj uitgesproken.
- s klinkt als in kast, nooit als 'z'.
- 'S': met deze letter geven we de uitspraak weer van een 'c' voor 'e' of 'i' (vb. hacer: doen) alsook van een 'z'. Spreek dit ietwat lispelend uit als de Engelse 'th' in 'thin'.

Misschien zult u opmerken dat in Spanje de uitspraak per streek lichtjes verschilt. Maar in dit stadium kunt u zich beter aan bovenstaande regels houden, die we hier beknopt hebben weergegeven.

■ *GESLACHTEN EN LIDWOORDEN*

Het Spaans kent twee geslachten, mannelijk en vrouwelijk. In dit boek vermelden we het bepaalde lidwoord (de), en dat is **el** voor mannelijke en **la** voor vrouwelijke woorden. **Los** is voor het mannelijke meervoud, **las** voor het vrouwelijke meervoud.
De onbepaalde lidwoorden zijn **un** voor mannelijk en **una** voor vrouwelijk enkelvoud. De meervoudsvormen zijn **unos** (mannelijk) en **unas** (vrouwelijk).

COURANTE UITDRUKKINGEN

■ *JA, NEEN, AKKOORD, ENZ.*

Ja/neen
Sí/No
si/no

Akkoord!
Vale.
b<u>a</u>le

Uitstekend!
¡Estupendo!
estoep<u>e</u>ndo

Doe dat niet!
¡No!
no

Dat is goed.
Está bien.
est<u>a</u> bjen

Inderdaad!
Eso es.
<u>e</u>so es

■ *BEGROETEN, ZICH VOORSTELLEN*

Hoe maakt u het?/Aangenaam kennis te maken.
¿Qué tal?, mucho gusto
ke tal, m<u>oe</u>tsjo G<u>oe</u>sto

Goedemorgen/goedemiddag/goedenavond of goedenacht.
Buenos días/buenas tardes/buenas noches.
bw<u>e</u>nos d<u>i</u>as/bw<u>e</u>nas t<u>a</u>rdes/bw<u>e</u>nas n<u>o</u>tsjes

Tot ziens!
Adiós.
adj<u>o</u>s

COURANTE UITDRUKKINGEN

Hoe gaat het?
¿Cómo está usted?
k<u>o</u>mo est<u>a</u> oest<u>e</u>

Hoe gaat het met je? *(fam.)*
¿Cómo estás?
k<u>o</u>mo est<u>a</u>

Ik heet ...
Me llamo ...
me lj<u>a</u>mo

Hoe heet u?
¿Cómo se llama usted?
k<u>o</u>mo se lj<u>a</u>ma oest<u>e</u>

Hoe heet je? *(fam.)*
¿Cómo te llamas?
k<u>o</u>mo te lj<u>a</u>mas

Hoe heet hij/zij?
¿Cómo se llama él/ella?
k<u>o</u>mo se lj<u>a</u>ma el/<u>e</u>lja?

Mag ik u ... voorstellen?
Le presento a ...
le pres<u>e</u>nto a

Dit is ... *(om iemand voor te stellen)*
Este/ésta es ...
<u>e</u>ste/<u>e</u>sta es

Hallo/Hoi/Dag!
¡Hola!
<u>o</u>la

Tot later!
¡Hasta luego!
<u>a</u>sta lw<u>e</u>Go

Het is leuk u te ontmoeten.
Mucho gusto en conocerle/conocerla.
m<u>oe</u>tsjo G<u>oe</u>sto en konoS<u>e</u>rle/la

COURANTE UITDRUKKINGEN

■ *ALSTUBLIEFT, DANK U, EXCUSEER*

Alstublieft.
Por favor.
por fabor

Dank u/Neen, dank u.
Gracias/No, gracias.
GraSjas/no GraSjas

Pardon! *(bijvoorbeeld als u niest)*
¡Perdón!
perdon

Excuseer!/Het spijt me.
¡Perdón!/Lo siento.
perdon/lo sjento

Het spijt me heel erg.
Lo siento muchísimo.
lo sjento moetsjisimo

Het was/het was niet mijn fout.
Ha sido/no ha sido culpa mía.
a sido/no a sido kulpa mia

■ *WAAR?, HOE?, EN ANDERE VRAGEN*

Waar kan ik ... krijgen?
¿Dónde puedo conseguir ...?
donde pwedo konseGir

Hoeveel kost het?
¿Cuánto es?
kwanto es

COURANTE UITDRUKKINGEN

Mag ik even?
¿Me hace el favor?
me aSe el fabor

Kunt u mij zeggen ...
¿Puede decirme ...?
pwede deSirme

Wilt u mij ... geven, alstublieft?
¿Me da ...?
me da

Wilt u ... ?
¿Quiere un/una ...?
kjere oen/oena

Zou u graag ... ?
¿Le gustaría ...?
le Goestaria

Is er hier ... ?
¿Hay ... aquí?
aj aki

Wat is dit?
¿Qué es esto?
ke es esto

Waar is het/de ...?
¿Dónde está el/la...?
donde esta el/la

Waar is het toilet?
¿Dónde están los servicios?
donde estan los serviSjos

COURANTE UITDRUKKINGEN

■ OVER UZELF

Ik kom van ...
Soy de ...
soj de

Ik ben ... jaar oud.
Tengo ... años.
tenGo ... anjos

Ik ben ...
Soy ...
soj

Ik ben gehuwd/gescheiden.
Estoy casado(a)/divorciado(a). (a voor vrouwen)
estoj kasado(a)/diborSjado(a)

Ik ben vrijgezel.
Soy soltero.
soj soltero

Ik heb ... zussen/broers/kinderen.
Tengo ... hermanas/hermanos/hijos.
tenGo ... ermanas/ermanos/ichos

■ HOUDEN VAN, NIET HOUDEN VAN, ONTMOETINGEN

Ik hou van/ik ben dol op ...
Me gusta/encanta el/la ...
me Goesta/enkanta el/la

Ik hou van/ik ben dol op zwemmen/reizen.
Me gusta/encanta nadar/viajar.
me Goesta/enkanta nadar/biachar

Ik hou niet van ...
No me gusta el/la ...
no me Goesta el/la

COURANTE UITDRUKKINGEN

Ik hou niet van zwemmen/reizen.
No me gusta nadar/viajar.
no me Goesta nadar/biachar

Ik haat ...
Detesto ...
detesto

Houdt u van ...
¿Le gusta ...?
le Goesta

Het is heerlijk/afschuwelijk!
¡Es delicioso/horrible!
es deliSjoso/orrible

Ik drink/rook niet.
No bebo/fumo.
no bebo/foemo

Stoort het als ik rook?
¿Le importa que fume?
le importa ke foeme

Ik eet vlees noch vis.
No como carne ni pescado.
no komo karne ni peskado

Wat wilt u (drinken)?
¿Qué quiere (beber/tomar)?
ke kjere beber/tomar?

Ik zou graag ...
Querría ...
kerria

Voor mij niets, dankuwel.
No quiero nada, gracias.
no kjero nada, GraSjas

COURANTE UITDRUKKINGEN

Deze is voor mij/ik trakteer.
Ahora invito yo.
a_ora inb_ito jo

Gezondheid!
¡Salud!
sal_oe

Ik zou graag ...
Querría ...
k_erria

Laten we naar Sevilla/de bioscoop gaan.
Vamos a Sevilla/al cine.
b_amos a sevilja/al S_ine

Laten we gaan zwemmen/een wandeling maken.
Vamos a nadar/a dar un paseo.
b_amos a nad_ar/a dar oen pas_eo

Welk weer is het?
¿Qué tiempo hace?
ke tj_empo _ase

Het is verschrikkelijk slecht weer.
Hace un tiempo malísimo.
_ase oen tj_empo mal_isimo

Het regent pijpenstelen.
Está lloviendo a jarros.
est_a ljobj_endo a ch_arros

Het is heel warm.
Hace muchísimo calor.
_aSe moetsj_isimo kal_or

12

COURANTE UITDRUKKINGEN

■ *HULP, PROBLEMEN*

Kunt u mij helpen?
¿Puede ayudarme?
pw<u>e</u>de ajoed<u>a</u>rme

Ik begrijp het niet.
No comprendo.
no kompr<u>e</u>ndo

Spreekt u Engels/Frans/Duits?
¿Habla usted inglés/francés/alemán?
<u>a</u>bla oest<u>e</u> inGl<u>e</u>s/franS<u>e</u>s/alem<u>a</u>n

Spreekt hier iemand Engels?
¿Alguien de aquí habla inglés?
<u>a</u>lGjen de ak<u>i</u> <u>a</u>bla inGl<u>e</u>s

Ik spreek geen Spaans.
No hablo español.
no <u>a</u>blo espanj<u>o</u>l

Ik weet het niet.
No sé.
no se

Wat gebeurt er?
¿Qué pasa?
ke p<u>a</u>sa

Wilt u alstublieft langzamer praten?
Por favor, hable más despacio.
por fab<u>o</u>r, <u>a</u>ble mas despaSjo

Wilt u het even opschrijven, alstublieft?
Por favor, escríbamelo.
por fab<u>o</u>r eskr<u>i</u>bamelo

COURANTE UITDRUKKINGEN

Ik ben verkeerd gelopen.
Me he perdido.
me e perd<u>i</u>do

Ga weg!
¡Lárguese!
l<u>a</u>rGese

■ *AAN DE RECEPTIE*

Ik heb een afspraak met ...
Tengo una cita con ...
t<u>e</u>nGo <u>oe</u>na S<u>i</u>ta kon

Ik zou graag ... zien
Quisiera ver a ...
kisj<u>e</u>ra ber a

Hier is mijn betaalkaart.
Aquí tiene mi tarjeta.
ak<u>i</u> tj<u>e</u>ne mi tarch<u>e</u>ta

Ik ben van het bedrijf ...
Soy de la compañía ...
soj de la kompanj<u>ii</u>a

Mag ik uw telefoon gebruiken?
¿Puedo usar su teléfono?
pw<u>e</u>do us<u>a</u>r su tel<u>e</u>fono

WAT U ZULT HOREN

¡Adelante!	kom binnen
aquí tiene ...	hier hebt u ...
¡bien!	goed
¡buen viaje!	goede reis
¿cómo?	wablief?

COURANTE UITDRUKKINGEN

¿cómo está usted?	hoe maakt u het?
¿cómo le va?	hoe gaat het?
¡cuánto lo siento!	het spijt me heel erg!
¡cuidado!	voorzichtig!
de nada	graag gedaan
¿de verdad?	echt waar?
¡encantado!	aangenaam kennis te maken
eso es	inderdaad
exactamente/exacto	juist
gracias, igualmente	dank u wel, insgelijks
¡hasta luego!	tot later
¡hola!	hallo, dag
muchas gracias	hartelijk dank
muy bien, gracias – ¿y usted?	heel goed, dank u – en u?
no comprendo	ik begrijp (het/u) niet
no sé	ik weet het niet
por favor	alstublieft
¿qué ha dicho?	wat hebt u gezegd?
¿qué tal?, mucho gusto	aangenaam kennis te maken
sírvase usted mismo	bedien uzelf
vale	oké

WAT U ZULT LEZEN

abierto	open
agua potable	drinkwater
ascensor	lift
aseos	toiletten
caballeros	heren
caja	kassa
calle	straat
carretera	weg, baan
cerrado (por vacaciones)	gesloten (wegens vakantie)
día festivo	feestdag

COURANTE UITDRUKKINGEN

días laborables	werkdagen
empujar	duwen
entrada	ingang
entrada gratis/libre	vrije toegang
entre sin llamar	binnen zonder bellen
festivos	feestdagen
horas de oficina	kantooruren
horas de visita	bezoekuren
información turística	toeristische informatie
lavabos	toiletten
ocupado	bezet
peligro	gevaar
planta baja	gelijkvloers
precaución	voorzichtigheid
primer piso	eerste verdieping
privado	privé
prohibido	verboden
recién pintado	pas geverfd
reservado	gereserveerd
salida	uitgang
salida de emergencia	nooduitgang
se alquila piso	appartement te huur
segundo piso	tweede verdieping
señoras	dames
se prohíbe la entrada	verboden toegang
servicios	toiletten
se vende	te koop
silencio	stilte
sótano	kelder
tirar	trekken

COURANTE UITDRUKKINGEN

Misschien hoort u wel eens een van de volgende uitdrukkingen, maar gebruik ze liever zelf niet.

agarrar un colocón	stomdronken zijn
a mares	hevig, veel
¡anda ya!	ga weg, genoeg
cabrón	smeerlap
cacharro	ding, spul
¡cierra el pico!	kop dicht
cretino	stommerik
¡cuéntaselo a tu abuela!	maak dat je grootje wijs
de pacotilla	waar van slechte kwaliteit
¡Dios mío!	goeie grutten
¡eso sí que mola!	dat is fantastisch
¡estupendo!	schitterend
¡genial!	geweldig!
ha sido una putada	dat was een gemene streek
imbécil	onnozelaar
ir de copas	pinten pakken
la mar de...	zo
lo digo de cachondeo	grapje!
¡maldita sea!	verdraaid!
me está tomando el pelo	u houdt me voor de gek
¡ni de coña!	verre van
¡no me da la (real) gana!	ik heb er geen zin in
putada	vuile streek
¡qué barbaridad!	wat gemeen!
¡qué guai!	hoe leuk!
¿qué hay?	wat is er?
¡qué va!	geenszins! en wat dan nog?
tía	wijf
tío	vent
¡vaya por Dios!	Jezus!
¡váyase a paseo!	loop naar de pomp
¡vete a hacer puñetas!	hoepel op
ya está	ziezo

DAGEN, MAANDEN, SEIZOENEN

domingo	zondag	*dominGo*
lunes	maandag	*loenes*
martes	dinsdag	*martes*
miércoles	woensdag	*mjerkoles*
jueves	donderdag	*chwebes*
viernes	vrijdag	*bjernes*
sábado	zaterdag	*sabado*
enero	januari	*enero*
febrero	februari	*febrero*
marzo	maart	*marSo*
abril	april	*abril*
mayo	mei	*majo*
junio	juni	*choenjo*
julio	juli	*choeljo*
agosto	augustus	*aGosto*
se(p)tiembre	september	*setjembre*
octubre	oktober	*oktoebre*
noviembre	november	*nobjembre*
diciembre	december	*diSjembre*
primavera	lente	*primabera*
verano	zomer	*berano*
otoño	herfst	*otonjo*
invierno	winter	*inbjerno*
Navidad	Kerst	*nabida*
Nochebuena	kerstnacht	*notsjebwena*
Pascua,	Pasen	*paskoe-a,*
Semana Santa		*semana santa*
Viernes Santo	Goede Vrijdag	*bjernes santo*
Año Nuevo	nieuwjaar	*anjo nwebo*
Nochevieja	oudejaarsavond	*notsjebjecha*

GETALLEN

0 cero *S<u>e</u>ro*
1 uno, una *<u>oe</u>no, <u>oe</u>na*
2 dos *dos*
3 tres *tres*
4 cuatro *kw<u>a</u>tro*
5 cinco *S<u>i</u>nko*
6 seis *sejs*
7 siete *sj<u>e</u>te*
8 ocho *<u>o</u>tsjo*
9 nueve *nw<u>e</u>be*

10 diez *dj<u>e</u>S*
11 once *<u>o</u>nSe*
12 doce *d<u>o</u>Se*
13 trece *tr<u>e</u>Se*
14 catorce *kat<u>o</u>rSe*
15 quince *k<u>i</u>nSe*
16 dieciséis *djeSis<u>e</u>js*
17 diecisiete *djeSisj<u>e</u>te*
18 dieciocho *djeSi<u>o</u>tsjo*
19 diecinueve *djeSinw<u>e</u>be*

20 veinte *b<u>ej</u>nte*
21 veintiuno *bejnti<u>oe</u>no*
22 veintidós *bejntid<u>o</u>s*
30 treinta *tr<u>ej</u>nta*
31 treinta y uno *tr<u>ej</u>nta i <u>oe</u>no*
32 treinta y dos *tr<u>ej</u>nta i d<u>o</u>s*
40 cuarenta *kwar<u>e</u>nta*
50 cincuenta *Sinkw<u>e</u>nta*
60 sesenta *ses<u>e</u>nta*
70 setenta *set<u>e</u>nta*
80 ochenta *otsj<u>e</u>nta*
90 noventa *nob<u>e</u>nta*
100 cien *Sjen*
110 ciento diez *Sj<u>e</u>nto dj<u>e</u>S*
200 doscientos, doscientas *dosSj<u>e</u>ntos dosSj<u>e</u>ntas*
500 quinientos, quinientas *kinj<u>e</u>ntos kinj<u>e</u>ntas*
700 setecientos, setecientas *seteSj<u>e</u>ntos seteSj<u>e</u>ntas*
1000 mil *mil*
1.000.000 un millón *oen milj<u>o</u>n*

Als **uno** voorafgaat aan een mannelijk woord, valt de eind-**o** weg, bijvoorbeeld '1 punt' is **un punto**. Vrouwelijke woorden gebruiken **una**, bijvoorbeeld '1 dag' is **una día**. Honderdtallen eindigen op **-os** als ze gevolgd worden door een mannelijk woord (vb. **trescientos billetes**, '300 biljetten') en op **-as** als ze gevolgd worden door een vrouwelijk woord (vb. **quinientas días**, '500 dagen').

TIJD/KALENDER

■ *TIJD*

De 24-urenklok is in Spanje even gebruikelijk als bij ons (bijvoorbeeld voor tijdschema's), maar in de gesproken taal heeft de 12-urenklok toch de bovenhand.
'Uur' wordt in het Spaans niet vertaald, tenzij door 'en punto' als het bijvoorbeeld 'klokslag' twee uur is. Men zegt: '**es la una**' voor 'het is één uur', maar '**son las dos, son las tres...**' (het is twee uur, drie uur...).
Onze 'over' wordt vertaald door '**y**' (plus). Men zegt eerst het uur, en dan '**y**' gevolgd door het aantal minuten. Tien over zes wordt dus '**son las seis y diez**'. 'Voor' luidt '**menos**' (min). Vijf voor zeven wordt dus '**son las siete menos diez**'.
De vertaling voor kwartier is '**cuarto**'. '**Las siete menos cuarto**' betekent dus kwart voor zeven. 'Half' wordt vertaald door '**y media**', voorafgegaan door het voorbije uur. Halfzes wordt dus '**son las cinco y media**' (letterlijk vijfeneenhalf).
'Om' wordt vertaald als '**a**' gevolgd door '**las**' (es/son valt weg). 'Om drie uur' is dan '**a las tres**'. Let wel op: men zegt '**a la una**' (om één uur).
Waar verwarring mogelijk is, kan men onderscheid maken tussen de ochtend- en de avonduren door '**de la mañana**' ('s morgens), '**de la tarde**' ('s middags – tot 20 uur) en '**de la noche**' ('s avonds) toe te voegen. Bijvoorbeeld '**salimos a las diez de la mañana**' (we vertrekken om tien uur 's morgens).

hoe laat is het?	¿qué hora es?	*ke ora es*
's morgens	de la mañana	*de la manjana*
's middags	de la tarde	*de la tarde*
's avonds	de la noche	*de la notsje*
één uur	la una	*la oena*
tien over één	la una y diez	*la oena i djeS*
kwart over één	la una y cuarto	*la oena i kwarto*
halftwee	la una y media	*la oena i medja*
twintig voor twee	las dos menos veinte	*las dos menos bejnte*
kwart voor twee	las dos menos cuarto	*las dos menos kwarto*
twee uur stipt	las dos (en punto)	*las dos en poento*
dertien uur	las trece horas	*las treSe oras*
zestien uur dertig	las dieciséis treinta	*las djeSisejs trejnta*
twintig uur tien	las veinte diez	*las bejnte djeS*

TIJD/KALENDER

om zeven uur	a las siete	*a las sjete*
middag	mediodía	*medjodia*
middernacht	medianoche	*medjanotsje*
vandaag	hoy	*oj*
gisteren	ayer	*ajer*
morgen	mañana	*manjana*
eergisteren	anteayer	*anteajer*
overmorgen	pasado mañana	*pasado manjana*
deze week	esta semana	*esta semana*
volgende week	la semana que viene	*la semana ke bjene*
vanmorgen	esta mañana	*esta manjana*
deze namiddag	esta tarde	*esta tarde*
vanavond	esta tarde	*esta tarde*
vannacht	esta noche	*esta notsje*
gisteren namiddag	ayer por la tarde	*ajer por la tarde*
gisterenavond	anoche	*anotsje*
morgenvroeg	mañana por la mañana	*manjana por la manjana*
morgenavond	mañana por la noche	*manjana por la notsje*
over drie dagen	dentro de tres días	*dentro de tres dias*
drie dagen geleden	hace tres días	*aSe tres dias*
laat	tarde	*tarde*
vroeg	temprano	*temprano*
snel	pronto	*pronto*
straks	más tarde	*mas tarde*
op dit ogenblik	en este momento	*en este momento*
seconde	un segundo	*oen seGoendo*
minuut	un minuto	*oen minoeto*
kwartier	un cuarto de hora	*oen kwarto de ora*
half uur	media hora	*medja ora*
drie kwartier	tres cuartos de hora	*tres kwartos de ora*
uur	la hora	*la ora*
dag	el día	*el dia*
elke dag	todos los días	*todos los dias*
de hele dag	todo el día	*todo el dia*
de volgende dag	al día siguiente	*al dia siGjente*
week	la semana	*la semana*
veertien dagen	la quincena	*la kinSena*

TIJD/KALENDER

maand	el mes	*el mes*
jaar	el año	*el anjo*

■ *KALENDER*

Het Spaans gebruikt de hoofdtelwoorden (zie blz. 19) om de dagen van de maand aan te duiden. Alleen voor de eerste dag van de maand kan het rangtelwoord **el primero** gebruikt worden.

een mei/	el uno/el primero	*el oeno/primero de majo*
de eerste mei	de mayo	
twintig juni	el veinte de junio	*el bejnte de choenjo*

HOTELS

De **hoteles** zijn ingedeeld in vijf klassen (van 1 tot 5 sterren), de **pensiones** in drie. Daarnaast zijn er de **hotel-residencias** voor langere verblijven en de **hostals,** die vergelijkbaar zijn met de **pensiones**. De **albergue** is meestal een landelijk hotelletje, pittoresk gelegen en bestemd voor een kort verblijf. Tot slot zijn er de **paradores** die eerder door de staat werden beheerd (vaak zijn het gereformeerde kastelen, kloosters, paleizen, enz., waar men onbeperkt kan verblijven mits men de prijs betaalt voor het extra comfort en het schitterende decor). In het hoogseizoen is het altijd aan te raden vooraf te boeken in de toeristische centra.

■ *NUTTIGE WOORDEN EN ZINNEN*

avondmaal	la cena	*Sena*
bad	la bañera	*banjera*
badkamer	el cuarto de baño	*kwarto de banjo*
balkon	el balcón	*balkon*
bed	la cama	*kama*
dienstmeisje	la camarera	*kamarera*
directeur, manager	el director	*direktor*
douche	la ducha	*doetsja*
eenpersoonsbed	la cama individual	*kama indibidoe-al*
eenpersoonskamer	una habitación individual	*abitaSjon indibidoe-al*
eetzaal	el comedor	*komedor*
foyer	el hall	*hal*
half pension	media pensión	*medja pensjon*
hotel	el hotel	*otel*
kamer	la habitación	*abitaSjon*
kamer en ontbijt	alojamiento y desayuno	*alochamjento i desajoeno*
kamer met twee bedden	una habitación con dos camas	*abitaSjon kon dos kamas*
lift	el ascensor	*asSensor*
middagmaal	la comida	*komida*
ontbijt	el desayuno	*desajoeno*
parkeerplaats	el aparcamiento	*aparkamjento*
pension	la pensión	*pensjon*

HOTELS

receptie	la recepción	reSepSjon
receptionist	el recepcionista	reSepSjonista
rekening	la cuenta	kwenta
room service	el servicio de habitaciones	serbiSjo de abitaSjones
salon	el salón	salon
sleutel	la llave	ljabe
toilet	el lavabo, el retrete	lababo, retrete
tweepersoonsbed	la cama doble, la cama de matrimonio	kama doble, cama de matrimonjo
tweepersoons- kamer	una habitación doble	abitaSjon doble
vol pension	pensión completa	pensjon kompleta
wastafel	el lavabo	lababo

Hebt u nog een kamer vrij?
¿Tiene alguna habitación libre?
tjene alGoena abitaSjon libre

Ik heb gereserveerd.
He hecho una reserva.
e etsjo oena reserba

Ik zou graag een eenpersoonskamer hebben.
Querría una habitación individual.
kerria oena abitaSjon indibidoe-al

Ik zou graag een kamer hebben met balkon/badkamer.
Querría una habitación con balcón/cuarto de baño.
kerria oena abitaSjon kon balkon/kwarto de banjo

Ik zou graag een kamer hebben voor één nacht/drie nachten.
Querría una habitación para una noche/para tres noches.
kerria oena abitaSjon para oena notsje/para tres notsjes

HOTELS

Hoeveel bedraagt de prijs per nacht?
¿Cuál es la tarifa por noche?
kwal es la tarifa por notsje

Ik weet nog niet hoe lang ik ga blijven.
Todavía no sé cuánto tiempo voy a quedarme.
todabia no se kwanto tjempo boj a kedarme

Om hoe laat is het ontbijt/avondmaal?
¿A qué hora es el desayuno/la cena?
a ke ora es el desajoeno/la Sena

Wilt u mij alstublieft om zeven uur wekken?
Haga el favor de llamarme a las siete, ¿vale?
aGa el fabor de ljamarme a las sjete, bale

Kunt u het ontbijt in mijn kamer laten opdienen alstublieft?
¿Puede servirme el desayuno en mi habitación?
pwede serbirme el desajoeno en mi abitaSjon

Ik zou graag enkele kledingstukken laten wassen.
Quisiera utilizar el servicio de lavado.
kisjera oetiliSar el serbiSjo de labado

Ik kom om tien uur terug.
Volveré a las dieS.
bolbere a las djeS

Mijn kamernummer is tweehonderd en vijf.
El número de mi habitación es el doscientos cinco.
el noemero de mi abitaSjon es el dosSjentos Sinko

Ik had een tweepersoonskamer geboekt.
Había reservado una habitación doble.
abia reserbado oena abitaSjon doble

HOTELS

Ik heb een kamer met bad gevraagd.
Pedí una habitacíon con baño.
pedi oena abitaSjon kon banjo

De lamp is stuk.
La lámpara está rota.
la lampara esta rota

Er is geen toiletpapier in de badkamer.
No hay papel higiénico en el cuarto de baño.
no aj papel ichjeniko en el kwarto de banjo

Het raam gaat niet open.
No se puede abrir la ventana.
no se pwede abrir la bentana

Er is geen warm water.
No hay agua caliente.
no aj aGwa kaljente

Het stopcontact in de badkamer werkt niet.
El enchufe del cuarto de baño no funciona.
el entsjoefe del kwarto de banjo no foenSjona

Ik vertrek morgen.
Me marcho mañana.
me martsjo manjana

Om hoe laat moet de kamer vrij zijn?
¿A qué hora tengo que desocupar la habitación?
a ke ora tenGo ke desokoepar la abitaSjon

Wilt u mij de rekening bezorgen, alstublieft?
¿Me da la cuenta, por favor?
me da la kwenta por fabor

Ik betaal met mijn creditcard.
Pagaré con tarjeta (de crédito).
paGare kon tarcheta (de kredito)

HOTELS

Ik betaal contant.
Pagaré al contado.
paGare̱ al konta̱do

Wilt u een taxi voor me bellen, alstublieft?
¿Puede llamar un taxi?
pwe̱de ljama̱r oe̱n ta̱ksi

Kunt u mij een ander hotel aanbevelen?
¿Puede recomendarme otro hotel?
pwe̱de rekomenda̱rme o̱tro o̱tel

WAT U ZULT LEZEN

acceso prohibido	verboden toegang
albergue	herberg
almuerzo	lunch
alojamiento y desayuno	kamer en ontbijt
aparcamiento	parkeerplaats
ascensor	lift
baño	bad
cena	avondmaal
comedor	eetzaal
comida	middagmaal
completo	vol
cuarto de baño	badkamer
cuenta	rekening
desayuno	ontbijt
ducha	douche
empujar	duwen
entrada	ingang
escalera	trap
habitación con dos camas	kamer met twee bedden
habitación doble	tweepersoonskamer
habitación individual	eenpersoonskamer
hotel-residencia	hotel-residentie

HOTELS

HR	hotel-residentie
lavabo	toilet
media pensión	half pension
parador	parador (staatshotel)
pensión	pension
pensión completa	vol pension
planta baja	gelijkvloers
primer piso	eerste verdieping
prohibida la entrada	verboden toegang
prohibido el paso	verboden toegang
salida de emergencia	nooduitgang
salón	salon
servicio	toilet
sólo para residentes	alleen voor gasten/bewoners
tirar	trekken

MOGELIJKE ANTWOORDEN

Lo siento, está lleno.
Het spijt me, we zijn volgeboekt.

El hotel está completo.
We hebben geen kamer meer vrij.

No nos quedan habitaciones individuales/dobles.
We hebben geen eenpersoons-/tweepersoonskamers meer vrij.

¿Para cuántas noches?
Voor hoeveel nachten?

¿Va a pagar al contado, o con tarjeta?
Gaat u contant betalen of met een creditcard?

Haga el favor de pagar por adelantado.
Wilt u alstublieft vooraf betalen.

Tiene que desocupar la habitación antes de las doce.
De kamer moet voor twaalf uur vrij zijn.

CAMPING

Spanje heeft een groot aantal kampeerterreinen, vooral aan de Middellandse Zee. De meeste ervan zijn het hele jaar door open. Als u buiten deze terreinen wilt kamperen, hebt u toestemming nodig van de landeigenaar of van bepaalde instanties. Meer inlichtingen daarover kunt u krijgen bij de Spaanse dienst voor toerisme.
In jeugdherbergen kunt u terecht als u houder bent van een lidkaart. Wij raden u echter aan om in het hoofdseizoen te reserveren.

■ *NUTTIGE WOORDEN EN ZINNEN*

afval	la basura	bas<u>oe</u>ra
camping	un camping	kamp<u>i</u>n
caravan	la caravana	karab<u>a</u>na
drinkwater	agua potable	<u>a</u>Gwa pot<u>a</u>ble
emmer	el cubo	k<u>oe</u>bo
gaan kamperen	ir de camping	ir de kamp<u>i</u>n
grondzeil	la lona impermeable	l<u>o</u>na imperme<u>a</u>ble
jeugdherberg	el albergue juvenil	alb<u>e</u>rGe choeben<u>i</u>l
kampvuur	una hoguera	oG<u>e</u>ra
keukengerei	los utensilios de cocina	oetens<u>i</u>ljos de koS<u>i</u>na
kookpotten	las cazuelas	kaSw<u>e</u>las
koord	una cuerda	kw<u>e</u>rda
liften	hacer autostop	aS<u>e</u>r autostop
rugzak	la mochila	motsj<u>i</u>la
slaapzak	el saco de dormir	s<u>a</u>ko de dorm<u>i</u>r
tent	la tienda	tj<u>e</u>nda

Mag ik hier kamperen?
¿Puedo acampar aquí?
pw<u>e</u>do akamp<u>a</u>r ak<u>i</u>

Mogen we de caravan hier parkeren?
¿Podemos aparcar aquí la caravana?
pod<u>e</u>mos apark<u>a</u>r ak<u>i</u> la karab<u>a</u>na

Waar is de dichtsbijzijnde camping?
¿Dónde está el camping más cercano?
d<u>o</u>nde est<u>a</u> el kamp<u>i</u>n mas Serk<u>a</u>no

CAMPING

Hoeveel bedraagt de prijs per nacht?
¿Cuál es la tarifa por noche?
kwal es la tarifa por notsje

Hoeveel bedraagt de prijs voor een week?
¿Cuánto es por una semana?
kwanto es por oena semana

Het is maar voor een nacht.
Es sólo por una noche.
es solo por oena notsje

We vertrekken morgen.
Nos vamos mañana.
nos bamos manjana

Waar is de keuken?
¿Dónde está la cocina?
donde esta la koSina

Mag ik hier een vuur aansteken?
¿Puedo encender fuego aquí?
pwedo enSender fweGo aki

Waar kan ik ... krijgen?
¿Dónde puedo conseguir ...?
donde pwedo konseGir ...

Is hier drinkwater?
¿Hay agua potable aquí?
aj aGwa potable aki

CAMPING

WAT U ZULT LEZEN

agua	water
agua potable	drinkwater
albergue juvenil	jeugdherberg
aseos	toiletten
camping	camping
cocina	keuken
duchas	stortbaden
fuego	vuur
lavabo	toilet
luz	licht/elektriciteit
manta	deken
no se admiten perros	honden niet toegelaten
precio	prijs
prohibido ...	verboden ...
prohibido acampar	kamperen verboden
prohibido el paso	verboden toegang
prohibido encender fuego	verboden vuur te maken
saco de dormir	slaapzak
se alquila	te huur
se prohíbe ...	verboden ...
supermercado	supermarkt
tarifa	tarief
tienda	winkel, tent
uso	gebruik

VILLA'S EN APPARTEMENTEN

Het is mogelijk dat sommige 'extra's' niet bij de prijs inbegrepen zijn. Misschien kunt u vragen of gas, elektriciteit en dergelijke bij de prijs inbegrepen zijn. Vraag aan het begin om een inventaris op te maken om misverstanden bij het vertrek te vermijden. Als u een waarborg moet betalen, vraag dan een ontvangstbewijs.

■ NUTTIGE WOORDEN EN ZINNEN

afvoerpijp	el desagüe	desaGwe
agentschap	la agencia	achenSja
bad	el baño	banjo
badkamer	el cuarto de baño	kwarto de banjo
badmeester	el encargado de la piscina	enkarGado de la pisSina
boiler	el calentador (del agua)	kalentador (del aGwa)
breken	romper	romper
centrale verwarming	la calefacción central	kalefakSjon Sentral
conciërge	el encargado, el portero	enkarGado, portero
donsdeken	el edredón	edredon
douche	la ducha	doetsja
elektricien	un electricista	elektriSista
elektriciteit	la electricidad	elektriSida
fornuis	la estufa	estoefa
gas	el gas	gas
geblokkeerd	atascado	ataskado
gootsteen	el fregadero	freGadero
grill	la parrilla, el grill	parrilja, gril
handdoek	la toalla	toalja
hoofdkraan	la llave de paso	ljabe de paso
keuken	la cocina	koSina
koelkast	la nevera	nebera
kraan	un grifo	Grifo
kussen	la almohada	almohada
kussensloop	la funda de almohada	foenda de almohada
lakens	las sábanas	sabanas
lamp	la bombilla	bombilja
lek (in het dak)	una gotera	Gotera

VILLA'S EN APPARTEMENTEN

lek (in pijp)	un agujero	aGoechero
licht	la luz	loeS
living	el cuarto de estar	kwarto de estar
loodgieter	un fontanero	fontanero
meid	la sirvienta	sirbjenta
poetsvrouw	la señora de la limpieza	senjora de la limpjeSa
rolluik	la persiana	persjana
slaapkamer	el dormitorio	dormitorjo
sleutel(s)	la(s) llave(s)	ljabe(s)
strijkijzer	la plancha	plantsja
strijkplank	la tabla de planchar	tabla de plantsjar
stuk, gebroken	roto	roto
tank	el depósito	deposito
teruggave	un reembolso	re-embolso
toilet	el retrete, el lavabo	retrete, lababo
vuilnis(emmer)	(el cubo de) la basura	koebo de la basoera
wasmachine	la lavadora	labadora
water	el agua	aGwa
waterverwarmer	la caldera	kaldera
zekeringenkast	la caja de fusibles	kacha de foesibles
zwembad	la piscina	pisSina

Is de elektriciteit/schoonmaak inbegrepen?
¿Está la electricidad/la limpieza incluída?
esta la elektriSida/la limpjeSa inkloe-ida

Moet ik een inventaris tekenen?
¿Hará falta que firme algún inventario?
hara falta ke firme alGoen inbentarjo

Waar is dit artikel?
¿Dónde está este artículo?
donde esta este artikoelo

Schrap het alstublieft van de inventaris.
Haga el favor de quitarlo del inventario.
aGa el fabor de kitarlo del inbentarjo

VILLA'S EN APPARTEMENTEN

We hebben dit gebroken.
Se nos ha roto esto.
se nos a roto esto

Dit was stuk toen we hier aankwamen.
Esto estaba roto cuando llegamos.
esto estaba roto kwando ljeGamos

Dit ontbrak toen we hier aankwamen.
Esto faltaba cuando llegamos.
esto faltaba kwando ljeGamos

Wilt u mijn waarborg teruggeven, alstublieft?
¿Me devuelve el depósito?
me debwelbe el deposito

Kunt u een bed bijplaatsen?
¿Puede ponernos otra cama más?
pwede ponernos otra kama mas

Kunt u ons meer borden en glazen/bestek bezorgen?
¿Puede ponernos más platos y vasos/cubiertos?
pwede ponernos mas platos i basos/koebjertos

Waar is ...?
¿Dónde está ...?
donde esta

Wanneer komt de dienstmeid?
¿Cuándo viene la sirvienta?
kwando bjene la sirbjenta

Waar zou ik een ... kunnen kopen/vinden?
¿Dónde podría comprar/encontrar ...?
donde podria komprar/enkontrar

Hoe werkt de boiler?
¿Cómo funciona el calentador (de agua)?
komo foenSjona el kalentador (de aGwa)

VILLA'S EN APPARTEMENTEN

Strijkt u/past u op kinderen?
¿Puede usted planchar/cuida usted a niños?
pwede oeste plantsjar/kwida oeste a ninjos

Zorgt u voor het middagmaal/het avondmaal?
¿Prepara usted la comida/la cena?
prepara oeste la komida/la Sena

Is dit in de prijs begrepen of moeten we ervoor bijbetalen?
¿Hay que pagar aparte o está incluído en el precio?
aj ke paGar aparte o esta inkloe-ido en el preSjo

De douche werkt niet.
No funciona la ducha.
no foenSjona la doetsja

De gootsteen is verstopt.
El fregadero está atascado.
el freGadero esta ataskado

De gootsteen/het toilet lekt.
El fregadero/retrete se sale.
el freGadero/retrete se sale

Er is een leiding gebroken.
Hay una cañería rota.
aj oena kanjeria rota

Er is een lek in het dak.
Hay una gotera en el tejado.
aj oena Gotera en el techado

Er is een lek in de tank.
Hay un agujero en el depósito.
aj oen aGoechero en el deposito

Er is een gaslek.
Hay una pérdida de Gas.
aj oena perdida de Gas

VILLA'S EN APPARTEMENTEN

Het huisvuil werd al drie dagen niet opgehaald.
Llevan tres días sin recoger la basura.
ljeban tres dias sin rekocher la basoera

Er is geen elektriciteit/gas/water
No hay luz/gas/agua
no aj loeS/Gas/aGwa

Het butagas is op. Waar kunnen we een nieuwe fles kopen?
Se ha acabado el butano. ¿cómo podemos conseguir otra bombona?
se a akabado el boetano. Komo podemos konseGir otra bombona

Kunt u dat vandaag in orde brengen?
¿Puede arreglarlo hoy?
pwede arreGlarlo oj

Stuur de rekening naar ...
Mande la factura a ...
mande la faktoera a ...

Ik ben in ...
Estoy en ...
estoj en ..

Dank u voor uw goede zorgen.
Gracias por tratarnos tan bien.
GraSjas por tratarnos tan bjen

Tot volgend jaar.
Hasta el año que viene.
asta el anjo ke bjene

VERKEER EN AUTO

Op de Spaanse snelwegen (**autopistas**) wordt vaak een hoge tol geheven. Daarom kunt u beter de nationale hoofdwegen (**nacionales**) gebruiken, die vaak een aparte strook hebben voor zwaar verkeer, vooral op hellingen. Inhalen is daardoor gemakkelijker geworden. De laatste jaren zijn echter ook veel tweevaksbanen (**autovías**) aangelegd. De secundaire wegen (**comarcales**) zijn niet altijd in goede staat.
In Spanje wordt rechts gereden zoals bij ons; inhalen gebeurt dus ook links. Op kruispunten heeft de hoofdweg voorrang op de secundaire wegen. Snijden twee wegen van gelijke categorie elkaar en zijn er geen aanwijzingen, dan heeft het van rechts komende verkeer voorrang. Besteed aandacht aan voorrangstekens bij smalle doorgangen en bruggen. Vermeldenswaardig is de **cambio de sentido**, een soort verkeerspleintje om tweevaksbanen over te steken of van richting te veranderen.
De snelheid is beperkt tot 100 km/u op de **nacionales** en 120 km/u op de **autopistas** en **autovías**, tenzij anders aangegeven. In de bebouwde kom schommelt de snelheid tussen 40 en 60 km/u. Zorg dat u altijd een reserveset lampjes bij u hebt, alsook een gevaarsdriehoek (ongeval of autopech). De **Guardia Civil de Tráfico** zal u zeker bijstaan in nood, maar ook niet nalaten een boete uit te schrijven als u de wet overtreedt.
De benzinestations op de hoofdwegen zijn meestal dag en nacht open en u wordt er gewoonlijk bediend. Buiten de steden en toeristische streken is loodvrije benzine niet veel verkrijgbaar. De volgende benzines zijn beschikbaar: normaal (**normal**), super (**super**), extra (**extra**), diesel (**gas-oil**) en loodvrij (**sin plomo**).
In Spanje is parkeren minder aan banden gelegd dan bij ons, maar kijk toch maar uit naar de verkeersborden, want aanduidingen op de stoeprand zijn er niet gebruikelijk. In de grotere stadscentra wordt evenwel de **zona azul** (blauwe zone) toegepast, waar alleen tijdelijk parkeren toegelaten is – wees er bedacht op parkeermeters! Een alternatief bieden de steeds talrijkere ondergrondse parkeerplaatsen met tickets en slagbomen.

VERKEER EN AUTO

WAT U ZULT LEZEN

aduana	douane
apagar luces de cruce	stadslichten doven
aparcamiento	parkeerplaats
atención al tren	opgepast! overweg
autopista	snelweg
autopista de peaje	snelweg met tol
callejón sin salida	doodlopende straat
calle peatonal	voetgangerszone
calzada deteriorada	wegdek in slechte staat
calzada irregular	oneffen wegdek
cambio de sentido	verkeerswisselaar
carretera cortada	weg onderbroken
ceda el paso	verleen voorrang
centro ciudad	stadscentrum
centro urbano	centrum
circule despacio	rijd langzaam
circunvalación	ringweg
cruce	kruispunt
desvío	omleiding
desvío provisional	provisorische omleiding
encender luces de cruce	stadslichten aansteken
escalón lateral	ongelijke berm
escuela	school
final de autopista	einde autosnelweg
firme en mal estado	wegdek in slechte staat
hielo	ijzelvorming
información turística	toeristische informatie
obras	werken
ojo al tren	opgelet! trein
paso a nivel	spoorwegovergang
paso subterráneo	voetgangerstunnel
peaje	tol
peatón, circula por tu izquierda	voetganger, stap aan de linkerkant van de weg
peligro	gevaar

VERKEER EN AUTO

peligro deslizamientos	slipgevaar
precaución	opgepast
prohibido aparcar	parkeren verboden
prohibido el paso	verboden doorgang
puesto de socorro	hulppost
salida de camiones	uitgang vrachtwagens
vado permanente	inrit vrijlaten
vehículos pesados	zwaar verkeer
velocidad controlada por radar	radarcontrole
zona azul	blauwe zone
zona de estacionamiento limitado	beperkt parkeren

■ *NUTTIGE WOORDEN EN ZINNEN*

aanhangwagen	el remolque	*rem_o_lke*
achterlichten	las luces traseras	*l_oeSes_ tras_e_ras*
achteruitkijkspiegel	el (espejo) retrovisor	*esp_e_cho retrobis_o_r*
afrit	un enlace de salida	*enl_a_Se de sal_i_da*
auto	el coche	*k_o_tsje*
automatisch	automático	*autom_a_tiko*
baan	la carretera	*karret_e_ra*
band	el neumático	*ne-oem_a_tiko*
benzine	la gasolina	*Gasol_i_na*
benzinestation	una gasolinera	*Gasolin_e_ra*
bestelwagen	la furgoneta	*foerGon_e_ta*
besturen	conducir	*kondoeS_i_r*
bougie	la bujía	*boech_i_a*
caravan	la caravana	*karab_a_na*
garage	un taller, un garaje	*talj_e_r, Gar_a_che*
kilometerteller	el cuentakilómetros	*kwentakil_o_metros*
knipperlicht	el intermitente	*intermit_e_nte*
kofferruimte	el maletero	*malet_e_ro*
koppeling	el embrague	*embr_a_Ge*
kruispunt	el cruce	*kr_oe_Se*
manueel	manual	*manoe-_a_l*

VERKEER EN AUTO

maximale snelheid	el límite de velocidad	*límite de beloSida*
motor	el motor	*motor*
motorfiets	la moto (cicleta)	*moto Sikleta*
motorkap	el capó	*kapo*
nummerplaat	la matrícula	*matrikoela*
oprit	un enlace de entrada	*enlaSe de entrada*
parkeerplaats	el aparcamiento	*aparkamjento*
rem	el freno	*freno*
rijbewijs	el permiso/el carnet de conducir	*permiso/karne de kondoeSir*
ruitenwisser	el limpiaparabrisas	*limpjaparabrisas*
schade, pech	una avería	*aberia*
slepen	remolcar	*remolkar*
snelheid	la velocidad	*beloSida*
snelweg	la autopista	*autopista*
stadslichten	las luces de cruce	*loeSes de croeSe*
stuur	el volante	*bolante*
uitlaat	el tubo de escape	*toebo de eskape*
ventilatorriem	la correa del ventilador	*korrea del bentilador*
verkeerslicht	el semáforo	*semaforo*
versnelling	la marcha	*martsja*
versnellingsbak	la caja de velocidades	*kacha de beloSidades*
vervangstukken	los repuestos	*repwestos*
voorruit	el parabrisas	*parabrisas*
vrachtwagen	el camión	*kamjon*
wiel	la rueda	*rweda*

Ik zou graag benzine/olie/water hebben.
Querría gasolina/aceite/agua.
kerria Gasolina/aSejte/aGwa

Vol alstublieft!
¡Lleno, por favor!
ljeno por fabor

VERKEER EN AUTO

Geef me vijfendertig liter extra, alstublieft.
Póngame treinta y cinco litros de extra.
p<u>o</u>nGame tr<u>ei</u>nta i S<u>i</u>nko l<u>i</u>tros de <u>e</u>kstra

Zou u de banden willen controleren, alstublieft?
¿Podría revisar los neumáticos, por favor?
podr<u>i</u>a rebis<u>a</u>r los ne-oem<u>a</u>tikos por fab<u>o</u>r

Doet u reparaties?
¿Hace reparaciones?
<u>a</u>Se reparaSj<u>o</u>nes

Kunt u de koppeling herstellen?
¿Puede arreglarme el embrague?
pw<u>e</u>de arreGl<u>a</u>rme el embr<u>a</u>Ge

Er is iets mis met de motor.
Hay algo que no va bien en el motor.
aj <u>a</u>lGo ke no ba bjen en el mot<u>o</u>r

De motor loopt heet.
El motor se calienta demasiado.
el mot<u>o</u>r se kalj<u>e</u>nta demasj<u>a</u>do

Ik heb een nieuwe band nodig.
Necesito un neumático nuevo
neSes<u>i</u>to oen ne-oem<u>a</u>tiko nw<u>e</u>bo

Kunt u dit voor me vervangen?
¿Puede cambiarme esto?
pw<u>e</u>de kambiarme <u>e</u>sto

Het knipperlicht werkt niet.
El intermitente no funciona.
el intermit<u>e</u>nte no foenSj<u>o</u>na

Hoe lang zal het duren?
¿Cuánto tiempo tardará?
kw<u>a</u>nto tj<u>e</u>mpo tardar<u>a</u>

VERKEER EN AUTO

Ik wil graag een wagen huren.
Querría alquilar un coche.
kerria alkilar oen kotsje

Ik wil een wagen met automatische/manuele versnelling.
Quiero un coche automático/manual.
kjero oen kotsje automatiko/manoe-al

Hoeveel kost het voor een dag?
¿Cuánto cuesta por un día?
kwanto kwesta por dia

Moet er per kilometer extra betaald worden?
¿Hay que pagar un suplemento por kilómetro?
aj ke paGar oen soeplemento por kilometro

Wanneer moet hij (de wagen) teruggebracht worden?
¿Cuándo tengo que devolverlo?
kwando tenGo ke debolberlo

Waar is de dichtstbijzijnde garage?
¿Dónde está el taller más cercano?
donde esta el taljer mas Serkano

Waar is het dichtstbijzijnde benzinestation?
¿Dónde está la gasolinera más cercana?
donde esta la Gasolinera mas Serkana

Waar kan ik parkeren?
¿Dónde puedo aparcar?
donde pwedo aparkar

Mag ik hier parkeren?
¿Puedo aparcar aquí?
pwedo aparkar aki

Hoe kom ik in Sevilla?
¿Cómo se va a Sevilla?
komo se ba a sebilja

VERKEER EN AUTO

Is dit de weg naar Málaga?
¿Es ésta la carretera a Málaga?
es esta la karretera a malaGa

Wat is de snelste weg naar Madrid?
¿Cuál es el camino más rápido para Madrid?
kwal es el kamino mas rapido para madri

ALS U DE WEG WILT WETEN

a la derecha/izquierda	rechts/links
después de pasar el/la ...	voorbij het/de
la primera a la derecha	de eerste rechts
la segunda a la izquierda	de tweede links
todo derecho	rechtdoor
tuerza a la derecha	draai rechtsaf
tuerza a la izquierda	draai linksaf

WAT U ZULT LEZEN

aceite	olie
agua	water
aire	lucht
apague el motor	zet uw motor uit
aparcamiento subterráneo	ondergrondse parkeerplaats
área de servicios	servicepunt
cola	file
completo	vol
(cubitos de) hielo	ijs(blokjes)
entrada	ingang
estación de servicio	servicepunt
extra	extra
garaje	garage
gas-oil	diesel

VERKEER EN AUTO

gasolina	benzine
gasolinera	benzinestation
introduzca el dinero exacto	werp het juiste bedrag in
nivel del aceite	oliepeil
normal	normaal
presión	druk
presión de los neumáticos	bandendruk
prohibido fumar	verboden te roken
recoja su ticket	neem uw ticket
reparación	reparatie
salida	uitgang
sin plomo	loodvrij
sólo para residentes del hotel	alleen voor hotelgasten
super	super
taller (de reparaciones)	garage
(tren de) lavado automático	carwash

WAT U ZULT HOREN

¿Lo quiere automático o manual?
Wilt u een wagen met automatische of manuele versnellingen?

Su permiso/carnet de conducir, por favor.
Mag ik uw rijbewijs even, alstublieft?

Su pasaporte, por favor.
Mag ik uw identiteitskaart alstublieft?

RONDREIZEN

■ *MET HET VLIEGTUIG*

Talrijke internationale luchtvaartmaatschappijen hebben bestemmingen in Spanje: Madrid, Barcelona, Bilbao, Valencia, Alicante, Málaga, Sevilla, Santiago, Tenerife en Las Palmas op de Canarische Eilanden, en Palma, Mallorca, Menorca en Ibiza op de Balearen. Het nationale net verbindt bovendien belangrijke Spaanse steden.

■ *MET DE TREIN*

Het Spaanse spoorwegnet heet **RENFE** (renfe). In vergelijking met de lange-afstandsbussen zijn de meeste treinen traag, zelfs tussen grote steden. Maar ze zijn vrij comfortabel en niet duur. De belangrijkste types zijn:

AVE	hoge-snelheidstrein tussen Madrid en Sevilla
TALGO, TER	snelle dieseltreinen met airconditioning, waarvoor extra moet betaald worden op het normale tarief. De **TALGO** is een stuk luxueuzer dan de **TER.**
TAF	langzamere dieseltrein op secundaire trajecten
Exprés	misleidende benaming voor een trage, nachtelijke stoptrein
Rápido	al even misleidende naam voor een stoptrein, die overdag rijdt
Automotor **Cercanías** **Ferrobús** **Omnibús**	} lokale treinen

■ *MET DE BUS OVER LANGE AFSTAND*

Een schitterend netwerk van bussen verbindt heel Spanje. De bussen zorgen voor betere verbindingen tussen de steden en vullen de leemten van het spoorverkeer op. De bussen zijn comfortabel, snel en uitgerust met airconditioning en video.

RONDREIZEN

■ *MET DE STADSBUS*

Alle Spaanse steden beschikken over een goed georganiseerd busnet. De meeste bussen zijn alleen bemand door de bestuurder, aan wie men bij het instappen ook moet betalen. De prijs per rit ligt lager als u een **bonobús** (vergelijkbaar is onze strippenkaart) koopt of gebruikmaakt van dagkaarten of andere toertickets.

■ *MET DE METRO*

Madrid en Barcelona beschikken allebei over een metro. Ook hier gelden verminderde tarieven (bijvoorbeeld **taco**, een boekje tickets). U kunt ook een 7-dagenkaart kopen, waarmee u een week onbeperkt mag reizen.

■ *MET DE TAXI EN BOOT, ANDERE VERVOERMIDDELEN*

Dagelijks vertrekken er boten naar de Balearen (meestal 's nachts), en om de twee dagen naar de Canarische Eilanden. Dagelijks is er een ferry die Algeciras verbindt met de Noord-Afrikaanse steden Tanger, Ceuta en Melilla. Taxi's hebben 's nachts een groen licht; op de voorruit kan men lezen of ze vrij zijn (**libre**).

■ *NUTTIGE WOORDEN EN ZINNEN*

autobus	el autobús	*autoboes*
autocar	el autocar	*autokar*
bagageafgifte	la recogida de equipajes	*rekochida de ekipaches*
bagagedepot	la consigna	*konsiGna*
bagagewagentje	un carrito para el equipaje	*karrito para el ekipache*
bestuurder	el conductor	*kondoektor*
boordticket	la tarjeta de embarque	*tarcheta de embarke*
boot	el barco	*barko*
bureau van verloren voorwerpen	la oficina de objetos perdidos	*ofiSina de obchetos perdidos*

RONDREIZEN

bus vijf	el (autobús número) cinco	*autoboes noemero Sinko*
bushalte	la parada del autobús	*parada del autoboes*
busstation	la estación de autobuses	*estaSjon de autoboeses*
cafetaria	la cafetería	*kafeteria*
check-in	el mostrador de facturación	*mostrador de faktoeraSjon*
compartiment	el compartimento	*kompartimento*
cruise	un crucero	*kroeSero*
douane	aduana	*adoe-ana*
eersteklas	primera (clase)	*primera klase*
eindstation	la estación terminal	*estaSjon terminal*
ferry	el ferry	*ferri*
gate	la puerta (de embarque)	*pwerta de embarke*
gereserveerde zitplaats	un asiento reservado	*asjento reserbado*
haven	el puerto	*pwerto*
ingang	la entrada	*entrada*
internationaal	internacional	*internaSjonal*
kaartje enkele reis	un billete de ida	*biljete de ida*
kade	el muelle	*el mwelje*
kind	un niño/una niña	*ninjo/ninja*
luchthaven	el aeropuerto	*ajropwerto*
luchthavenbus	el autobús del aeropuerto	*autobus del ajropwerto*
metro	el metro	*metro*
nationaal	nacional	*naSjonal*
niet-rokers	no fumadores	*no foemadores*
nooduitgang	la salida de emergencia	*salida de emerchenSja*
paspoort	pasaporte	*pasaporte*
perron	el andén	*anden*
plan	un plano	*plano*
restauratiewagen	el vagón-restaurante	*baGon restaurante*
retourkaartje	un billete de ida y vuelta	*biljete de ida i bwelta*
rokers	fumadores	*foemadores*
slaapwagen	el coche-cama	*kotsje kama*
spoorweg	el ferrocarril	*ferrokarril*

RONDREIZEN

station	la estación	*estaSj̲on*
taxi	un taxi	*ta̲ksi*
terminus	la terminal	*termina̲l*
ticket	el billete	*bilje̲te*
trein	el tren	*tren*
tweedeklas	segunda (clase)	*seGo̲enda kla̲se*
uitgang	la salida	*sali̲da*
uurschema	el horario	*ora̲rjo*
verbinding	un enlace	*enla̲Se*
verkoopkantoor	el despacho de billetes	*despa̲tsjo de bilje̲tes*
vertrekhal	salidas	*sali̲das*
vlucht	el vuelo	*bwe̲lo*
vluchtnummer	el número de vuelo	*no̲emero de bwe̲lo*
voetgangerstunnel	paso subterráneo	*pa̲so soebterra̲neo*
volwassene	un adulto	*ado̲elto*
wachtzaal	la sala de espera	*sa̲la de espe̲ra*
wagon	el vagón	*baGo̲n*
wisselen van geld	el cambio de moneda	*ka̲mbjo de mone̲da*
zitplaats	un asiento	*asje̲nto*
zitplaats bij het raam	un asiento de ventanilla	*asje̲nto de ventani̲lja*
zitplaats langs de middengang	un asiento de pasillo	*asje̲nto de pasi̲ljo*

■ MET HET VLIEGTUIG

Een plaats in de niet-rokersruimte, alstublieft.
Un asiento en la sección de no fumadores, por favor.
oen asje̲nto en la sekSjo̲n de no foemado̲res por fabo̲r

Ik zou graag een zitplaats bij het raam willen, alstublieft.
Querría un asiento junto a la ventanilla, por favor.
kerri̲a oen asje̲nto choe̲nto a la bentani̲lja por fabo̲r

Hoeveel vertraging heeft de vlucht?
¿Cuánto retraso lleva el vuelo?
kwa̲nto retra̲so lje̲ba el bwe̲lo

RONDREIZEN

Welke gate is bestemd voor de vlucht naar Sevilla?
¿Cuál es la puerta de embarque para el vuelo de Sevilla?
kwal es la pwerta de embarke para el bwelo de sebilja

■ *MET DE TREIN, DE AUTOBUS EN DE METRO*

Om hoe laat vertrekt de trein/autobus naar Cadiz?
¿A qué hora sale el tren/autobús para Cádiz?
a ke ora sale el tren/autoboes para kadiS

Om hoe laat arriveert de trein/bus uit Barcelona?
¿A qué hora llega el tren/autobús de Barcelona?
a ke ora ljeGa el tren/autoboes de barSelona

Om hoe laat vertrekt de eerstvolgende trein/autobus uit Alicante?
¿A qué hora sale el próximo tren/autobús para Alicante?
a ke ora sale el proksimo tren/autoboes para alikante

Om hoe laat vertrekt de eerste/laatste trein/autobus naar Zaragoza?
¿A qué hora sale el primer/último tren/autobús para Zaragoza?
a ke ora sale el primer/ultimo tren/autoboes para SaraGoSa

Hoeveel kost een ticket voor Granada?
¿Cuánto cuesta un billete para Granada?
kwanto kwesta oen biljete para Granada

Moet ik bijbetalen?
¿Tengo que pagar suplemento?
tenGo ke paGar soeplemento

Moet ik overstappen?
¿Tengo que hacer transbordo?
tenGo ke aSer transbordo

Stopt de trein/autobus in Salamanca?
¿Para el tren/autobús en Salamanca?
para el tren/autoboes en salamanka

RONDREIZEN

Hoe lang duurt de rit naar Córdoba?
¿Cuánto tiempo se tarda en llegar a Córdoba?
kwanto tjempo se tarda en ljeGar a kordoba

Waar kan ik een ticket kopen?
¿Dónde puedo sacar un billete?
donde pwedo sacar oen biljete

MOGELIJKE ANTWOORDEN

El próximo tren sale a las dieciocho horas.
De volgende trein vertrekt om achttien uur.

Haga transbordo en Salamanca.
U moet overstappen in Salamanca.

Tiene que pagar suplemento.
U dient bij te betalen.

Ya no quedan asientos para Madrid.
Er zijn geen zitplaatsen meer vrij voor Madrid.

Een enkele reis/een retourtje Gerona, alstublieft.
Un billete de ida/de ida y vuelta a Gerona, por favor.
oen biljete de ida/de ida i bwelta a cherona por fabor

Zou u me kunnen helpen om een ticket te kopen, alstublieft?
¿Podría usted ayudarme a sacar un billete?
podria oeste ajoedarme a sakar oen biljete

Ik zou graag een zitplaats reserveren.
Querría reservar un asiento.
kerria reserbar oen asjento

Is dit de trein/autobus naar Almería?
¿Es éste el tren/autobús para Almería?
es este el tren/autoboes para almeria

RONDREIZEN

Is dit het perron voor de trein naar Sevilla?
¿Es éste el andén para el tren de Sevilla?
es este el anden para el tren de sebilja

Wat is het perron voor de trein naar Granada?
¿Qué andén para el tren de Granada?
ke anden para el tren de Granada

Heeft de trein/autobus vertraging?
¿Lleva retraso el tren/autobús?
ljeba retraso el tren/autoboes

Zou u me kunnen helpen met deze koffers, alstublieft?
¿Puede ayudarme con estas maletas, por favor?
pwede ajoedarme kon estas maletas por fabor

Mag men hier niet roken?
¿Está prohibido fumar aquí?
esta prohibido foemar aki

Is deze zitplaats vrij?
¿Está libre este asiento?
esta libre este asjento

Deze zitplaats is bezet.
Este asiento está ocupado.
este asjento esta okoepado

Ik heb deze zitplaats gereserveerd.
Tengo reservado este asiento.
tenGo reserbado este asjento

Mag ik het raam openen/sluiten?
¿Puedo abrir/cerrar la ventana?
pwedo abrir/Serrar la bentana

Om hoe laat arriveren we in Bilbao?
¿A qué hora llegamos a Bilbao?
a ke ora ljeGamos a bilbao

RONDREIZEN

Welk station is dit?
¿Qué estación es ésta?
ke estaSjon es esta

Stoppen we in Aranjuez?
¿Paramos en Aranjuez?
paramos en aranchweS

Zou u even op mijn spullen kunnen letten, alstublieft?
¿Podría usted guardarme las cosas un momento?
podria oeste Gwardarme las kosas oen momento

Beschikt deze trein over een restauratiewagen?
¿Lleva vagón-restaurante este tren?
ljeba baGon restaurante este tren

Waar is het dichtsbijzijnde metrostation?
¿Dónde está la estación de metro más cercana?
donde esta la estaSjon de metro mas Serkana

Waar is een bushalte?
¿Dónde hay una parada de autobús?
donde aj oena parada de autoboes

Welke bussen rijden naar Mérida?
¿Qué autobuses van a Mérida?
ke autoboeses ban a merida

Om de hoeveel tijd vertrekt er een bus naar Madrid?
¿Cada cuánto tiempo pasan los autobuses para Madrid?
kada kwanto tjempo pasan los autoboeses para madri

Kunt u mij waarschuwen als we er zijn?
¿Puede avisarme cuando lleguemos?
pwede abisarme kwando ljeGemos

Moet ik hier al uitstappen?
¿Tengo que bajarme ya?
tenGo ke bacharme ja

RONDREIZEN

Hoe kom ik in Nerja?
¿Cómo se va a Nerja?
komo se ba a nercha

Komt u in de buurt van San Pedro?
¿Pasa usted cerca de San Pedro?
pasa oeste Serka de san pedro

■ MET DE TAXI EN DE BOOT

Waar kan ik een taxi nemen?
¿Dónde puedo tomar un taxi?
donde pwedo tomar oen taksi

Ik wil naar ...
Quiero ir a ...
kjero ir a

Stopt u hier, alstublieft.
Pare aquí, por favor.
pare aki por fabor

Hoeveel kost een rit naar El Escorial?
¿Cuánto cuesta ir a El Escorial?
kwanto kwesta ir a el eskorjal

Kunt u hier op me wachten en me terugbrengen?
¿Puede esperarme aquí y llevarme de vuelta?
pwede esperarme aki i ljebarme de bwelta

Waar kan men de ferry naar Palma nemen?
¿Dónde se puede coger un ferry para Palma?
donde se pwede kocher oen ferri para Palma

RONDREIZEN

WAT U ZULT LEZEN

abstenerse de fumar	niet roken, alstublieft
aduana	douane
adultos	volwassenen
a los andenes	naar de perrons
andén	perron
asientos	zitplaatsen
automotor	lokale korteafstandstrein
AVE	hogesnelheidstrein
billete/billetes	ticket/tickets
billete de andén	perronkaartje
bocadillos	broodjes
bonobús	boekje met tien bustickets
cambio de moneda	wisselen van geld
coche-cama	slaapwagen
consigna	bewaarplaats voor bagage
control de pasaportes	paspoortcontrole
demora	vertraging
Días Azules	goedkope reisdagen
domingos y festivos	zon- en feestdagen
entrada	ingang
entrada por delante/por detrás	ingang vooraan/achteraan
equipajes	bagage
escala	tussenstop
estación principal	hoofdstation
excepto domingos	niet op zondag
exprés	trage nachttrein
facturación	check-in
ferrobús	lokale korteafstandstrein
fumadores	rokers
hacer transbordo en ...	overstappen in ...
hora local	plaatselijke tijd
horario	uurtabel
laborables	werkdagen
libre	vrij
llegadas	aankomst

RONDREIZEN

multa por uso indebido	boete voor misbruik
nacional	nationaal
niños	kinderen
no fumadores	niet-rokers
no para en ...	stopt niet in ...
ocupado	bezet
pague el importe exacto	betaal het juiste bedrag
parada	halte
prensa	krantenkiosk
prohibida la entrada	toegang verboden
prohibido asomarse a la ventana	verboden uit het raam te leunen
prohibido el paso	verboden toegang
prohibido fumar	roken verboden
prohibido hablar con el conductor	verboden met de bestuurder te praten
puerto	haven
puerta de embarque	gate
puesto de periódicos	krantenkiosk
rápido	trage stoptrein (overdag)
recogida de equipajes	bagagedepot
RENFE	Spaanse nationale spoorwegen
reserva de asientos	plaatsenreservering
retraso	vertraging
ruta	traject
sala de espera	wachtzaal
salida	vertrek
salida de emergencia	nooduitgang
salidas	vertrekhal
sólo laborables	alleen op werkdagen
suplemento	bijbetalen
taco	ticketboekje voor metro
TAF	trage dieseltrein
TALGO	snelle dieseltrein
taquilla	loket
TER	snelle dieseltrein

RONDREIZEN

terminal	eindhalte
trenes de cercanías	lokale treinen
utilice sólo moneda fraccionaria	gebruik alleen kleingeld
vagón	wagon
viaje	reis
vuelo	vlucht
vuelo directo	rechtstreekse vlucht
vuelo regular	lijnvlucht

WAT U ZULT HOREN

¿Tiene equipaje?
Hebt u bagage?

¿Fumadores o no fumadores?
Rokers of niet-rokers?

¿Asiento de ventanilla o de pasillo?
Een zitplaats bij het raam of de gang?

Su billete, por favor.
Uw ticket, alstublieft.

Los pasajeros del vuelo tres dos cuatro, con destino a Bruselas, diríjanse al avión.
Reizigers voor de vlucht drie twee vier, met bestemming Brussel, worden verzocht aan boord te gaan.

Diríjanse a la puerta (número) cuatro.
Begeef u nu naar gate nummer vier.

Completo.
Volgeboekt.

Los billetes, por favor.
Tickets, alstublieft.

RONDREIZEN

Suban, por favor.
Instappen, alstublieft.

El tren con destino a Granada va a efectuar su salida del andén número seis dentro de diez minutos.
De trein met bestemming Granada zal over tien minuten vertrekken van perron zes.

El tren procedente de Madrid va a efectuar su llegada al andén número uno dentro de cinco minutos.
De trein uit Madrid zal over vijf minuten aankomen op perron nummer één.

El tren con destino a Sevilla lleva quince minutos de retraso.
De trein met bestemming Sevilla heeft een kwartier vertraging.

Saquen sus billetes, por favor.
Houd uw tickets klaar, alstublieft.

Su pasaporte, por favor.
Uw paspoort, alstublieft.

Abra sus maletas, por favor.
Open uw koffers, alstublieft.

RESTAURANT

In Spanje zijn er tal van mogelijkheden om iets te eten of te drinken.

Restaurante: voor restaurants bestaat er een officiële rangschikking (van 1 tot 5 vorken), maar deze is eerder gebaseerd op het assortiment schotels dan op de kwaliteit ervan!

Cafetería: dit is een combinatie van bar, café en restaurant. U wordt er aan de toog bediend, en mits u bijbetaalt, ook aan tafel. Meestal hebt u enkele menu's ter beschikking tegen redelijke prijzen (probeer eens een **plato combinado).**

Fonda: hier serveert men gewoonlijk goedkope, eenvoudige maaltijden die typisch zijn voor de streek.

Hostería of **hostal:** restaurant dat meestal gespecialiseerd is in streekgerechten.

Parador: hotels die aanvankelijk door de staat beheerd werden en die een eersteklasservice verlenen in een prachtig kader

Café of **Bar**: dit zijn gewoonlijk cafés die allerlei dranken en versnaperingen verkopen. Toch lijken ze niet helemaal op het café zoals wij het kennen. Als u een snelle hap wilt nemen, moet u er beslist eens binnenstappen. Sommige bars serveren gratis **tapas** (kleine snacks) bij alcoholische dranken. Vaak kan men er ook een volledige maaltijd nuttigen.

Merendero: café in de openlucht aan de kust of op het platteland. Meestal goedkoop en goed.

In Spanje is het ontbijt om 7 uur, het middagmaal om 14 uur en het avondmaal (het belangrijkste maal) om 22 uur.

RESTAURANT

■ *NUTTIGE WOORDEN EN ZINNEN*

belegd broodje	un bocadillo	*bokadiljo*
bier	una cerveza	*SerbeSa*
boter	la mantequilla	*mantekilja*
brood	el pan	*pan*
broodje	un sandwich	*sandwitsj*
café	una cafetería	*kafeteria*
fles	la botella	*botelja*
fooi	una propina	*propina*
glas	el vaso	*baso*
halve liter	medio litro	*medjo litro*
hoofdgerecht	el segundo plato	*seGoendo plato*
kaart	la carta	*karta*
kelner	el camarero	*kamarero*
kinderportie	una ración especial para niños	*raSjon espeSjal para ninjos*
koffie	el café	*kafe*
koffielepeltje	la cucharilla	*koetsjarilja*
kok	el cocinero	*koSinero*
kop	la taza	*taSa*
kruik	una jarra	*charra*
lepel	la cuchara	*koetsjara*
liter	litro	*litro*
melk	la leche	*letsje*
mes	el cuchillo	*koetsjiljo*
nagerecht	el postre	*postre*
ontvangstbewijs	un recibo	*reSibo*
peper	la pimienta	*pimjenta*
rekening	la cuenta	*kwenta*
restaurant	un restaurante	*restaurante*
schotel, bord	el plato	*plato*
serveerster	la camarera	*kamarera*
servet	la servilleta	*serbiljeta*
soep	la sopa	*sopa*
suiker	el azúcar	*aSoekar*
taartje	un pastel	*pastel*
tafel	una mesa	*mesa*

RESTAURANT

thee	el té	*te*
voorgerecht	el primer plato	*primer pl<u>a</u>to*
vork	el tenedor	*tened<u>o</u>r*
water	el agua	*<u>a</u>Gwa*
wijn	el vino	*b<u>i</u>no*
wijnkaart	la carta de vinos	*k<u>a</u>rta de v<u>i</u>nos*
zout	la sal	*sal*

Een tafel voor één persoon, alstublieft.
Una mesa para una persona, por favor.
<u>oe</u>na m<u>e</u>sa p<u>a</u>ra <u>oe</u>na pers<u>o</u>na por fab<u>o</u>r

Een tafel voor twee/drie personen, alstublieft.
Una mesa para dos/tres personas, por favor.
<u>oe</u>na m<u>e</u>sa p<u>a</u>ra dos/tres pers<u>o</u>nas por fab<u>o</u>r

Wilt u ons de wijnkaart brengen, alstublieft?
¿Nos trae la carta/la carta de vinos?
nos tr<u>a</u>-e la k<u>a</u>rta/la k<u>a</u>rta de v<u>i</u>nos

Wat beveelt u ons aan?
¿Qué recomendaría usted?
ke rekomendar<u>i</u>a oest<u>e</u>

Ik zou graag ...
Querría ...
kerr<u>i</u>a

Alleen koffie, alstublieft.
Un café nada más, por favor.
oen kaf<u>e</u> n<u>a</u>da mas, por fab<u>o</u>r

Ik wil alleen maar een lichte maaltijd/snack.
Sólo quiero una comida ligera.
s<u>o</u>lo kj<u>e</u>ro <u>oe</u>na kom<u>i</u>da lich<u>e</u>ra

Is er een dagschotel?
¿Hay plato del día?
aj pl<u>a</u>to del d<u>i</u>a

RESTAURANT

Een karaf van één liter rode huiswijn, alstublieft.
Una jarra de litro de tinto de la casa, por favor.
oena charra de litro de tinto de la kasa por fabor

Hebt u een vegetarisch gerecht?
¿Tiene algún plato vegetariano?
tjene alGoen plato vechetarjano

Wilt u ons alstublieft water brengen?
¿Nos trae agua, por favor?
nos tra-e aGwa por fabor

Nog twee biertjes, alstublieft.
Dos cervezas más, por favor.
dos SerbeSas mas por fabor

Zijn er speciale kinderschotels?
¿Tiene raciones especiales para niños?
tjene raSjones espeSjales para ninjos

Ober! Juffrouw!
¡Camarero!/¡Señorita!
kamarero/senjorita

Ik heb dit niet besteld.
No he pedido esto.
no e pedido esto

U bent vergeten mijn dessert te brengen.
Se ha olvidado de traerme el postre.
se a olbidado de tra-erme el postre

Zouden we nog wat ... kunnen bijkrijgen, alstublieft?
¿Nos trae más ...?
nos tra-e mas

Wilt u mij een ander mes/een andere vork brengen?
¿Me trae otro cuchillo/tenedor?
me tra-e otro koetsjiljo/tenedor

RESTAURANT

Wilt u ons de rekening brengen, alstublieft?
¿Nos trae la cuenta, por favor?
nos tra-e la kwenta por fabor

Kan ik een ontvangstbewijs krijgen, alstublieft?
¿Me puede dar un recibo, por favor?
me pwede dar oen reSibo por fabor

We zouden graag ieder voor zich betalen.
Querríamos pagar por separado.
kerriamos paGar por separado

De maaltijd was heel lekker, dank u.
La comida ha sido muy buena, gracias.
la komida a sido moej bwena, GraSjas

Mijn complimenten aan de chef!
¡Felicite al cocinero de mi parte!
feliSite al koSinero de mi parte

WAT U ZULT HOREN

¡Que (le/les) aproveche!
Smakelijk!

¿Qué quiere para beber/tomar?
Wat wilt u drinken/nemen?

¿Le ha gustado la comida?
Heeft het eten u gesmaakt?

MENUGIDS

aceitunas	olijven
acelgas	witte biet
achicoria	andijvie
aguacate	avocado
ahumados	gerookte vis
ajo	look
albaricoques	abrikozen
albóndigas	gehaktballen
alcachofas	artisjokken
alcachofas con jamón	artisjokken met ham
alcachofas salteadas	gebakken artisjokken
alcachofas vinagreta	artisjokken met olie en azijn
alcaparras	kappertjes
almejas	mosselen
almejas a la marinera	in wijn gestoomde mosselen
almejas naturales	rauwe mosselen
almendras	amandelnoten
alubias con ...	bonen met ...
ancas de rana	kikkerbilletjes
anchoas	ansjovis
anguila	paling
angulas	kleine palinkjes
anís	anijs
arenque	haring
arroz a la cubana	rijst met gebakken eieren en banaansnippers
arroz a la valenciana	rijst met zeevruchten (paëlla)
arroz con leche	rijstpudding
asados	gebraden vlees
atún	tonijn
avellanas	hazelnoten
azúcar	suiker
bacalao a la vizcaína	kabeljauw op Baskische wijze (in gekruide tomatensaus)
bacalao al pil pil	kabeljauw in olijfolie met look en peterselie
batido de chocolate	chocolademilkshake
batido de fresa	aardbeienmilkshake
batido de frutas	vruchtenmilkshake
batido de vainilla	vanillemilkshake
bebidas	dranken
berenjenas	aubergines

MENUGIDS

berza	kool
besugo al horno	zeebrasem in de oven
bistec de ternera	kalfslapje
bizcochos	lange vingers
bonito al horno	tonijn in de oven
bonito con tomate	tonijn in tomatensaus
boquerones fritos	gebakken ansjovisjes
brevas	vijgen
broqueta de riñones	brochet van niertjes
buñuelos	beignet
butifarra	soort Catalaanse worst
cabrito asado	geroosterd geitenvlees
cachelada	stoofpot van varkensvlees met eieren, tomaten en uien
café	koffie
café con leche	koffie met melk
calabacines	courgettes
calabaza	pompoen
calamares a la romana	gefrituurde inktvis (ringen in beslag)
calamares en su tinta	inktvis bereid in eigen inkt
calamares fritos	gebakken inktvis
caldeirada	vissoep
caldereta gallega	vegetarische stoofpot (Galicië)
caldo de ...	...soep
caldo de gallina	kippensoep
caldo de pescado	vissoep
caldo gallego	vegetarische soep
caldo guanche	soep met aardappelen, uien, tomaten en courgettes
callos a la madrileña	pens op Madrileense wijze (in pikante saus)
camarones	garnalen
canelones	canneloni
cangrejos de río	rivierkreeft
caracoles	slakken
caramelos	snoepjes
carne	vlees
carro de queso	kaasschotel
castañas	kastanjes
cebolla	ui
cebolletas	lente-uitjes
centollo	zeespin

MENUGIDS

cerezas	kersen
cerveza	bier
cesta de frutas	fruitmand
champiñón a la crema	champignons in roomsaus
champiñón al ajillo	champignons met look bereid
champiñón a la plancha	geroosterde champignons
champiñón salteado	gebakken champignons
chanquetes	soort vis
chateaubrian	chateaubriand (biefstuk van de haas)
chipirones	inktvis
chipirones en su tinta	inktvis in eigen inkt
chipirones rellenos	gevulde inktvis
chirimoyas	cherimolia
chocos	kleine inktvisjes
chuleta de buey	runderkotelet
chuleta de cerdo	varkenskotelet
chuleta de cerdo empanada	varkensschnitzel
chuleta de cordero	lamskotelet
chuleta de ternera	kalfskotelet
chuleta de ternera empanada	kalfsschnitzel
chuletas de cordero empanadas	lamsschnitzel
chuletas de lomo ahumado	gerookte varkenskoteletjes (van de rug)
chuletitas de cordero	lamskoteletje
chuletón	grote kotelet
chuletón de buey	grote runderkotelet
churros	gebakken deegrolletjes (te vergelijken met smoutebollen)
cigalas	zeekreeft
cigalas cocidas	gekookte zeekreeft
ciruelas	pruimen
ciruelas pasas	soort pruimen
cochinillo asado	speenvarken aan het spit
cocido	stoofpot van vlees, kikkererwten en groenten
cococha (de merluza)	stoofpot van heek (stokvis)
cóctel de bogavante	kreeftcocktail
cóctel de gambas	garnalencocktail
cóctel de langostinos	langoestencocktail
cóctel de mariscos	zeevruchtencocktail
codornices	kwartels
codornices asadas	gebraden kwartels

MENUGIDS

codornices con uvas	kwartels met druiven
codornices escabechadas	gemarineerde kwartels
codornices estofadas	gestoofde kwartels
col	kool
coles de Bruselas	spruitjes
coliflor	bloemkool
coliflor con bechamel	bloemkool in witte saus
coñac	cognac
conejo asado	gebraden konijn
conejo encebollado	konijn met uien
conejo estofado	gestoofd konijn
congrio	zeepaling
consomé al jerez	bouillon met sherry
consomé con yema	bouillon met eierdooiers
consomé de ave	gevogeltebouillon
consomé de pollo	kippenbouillon
contra de ternera con guisantes	kalfsstoofvlees met erwtjes
contrafilete de ternera	kalfsfilet
copa ...	glas, beker ...
copa de helado	ijsbeker, ijscoupe
cordero asado	gebraden lamsvlees
cordero chilindrón	stoofpot van lamsvlees met uien, tomaten, pepers en eieren
costillas de cerdo	varkensribbetjes
crema catalana	nagerecht van eieren met melk en kaneel (soort flan)
cremada	dessert van eieren, suiker en melk
crema de cangrejos	kreeftenroomsoep
crema de espárragos	aspergeroomsoep
crema de legumbres	groenteroomsoep
crepe imperiale	soort flensje
criadillas de tierra	truffels, meestal geserveerd bij vleesgerechten
crocante	krokant
croquetas	kroket
croquetas de jamón	vlees(ham)kroket
croquetas de pescado	viskroket
cuajada	kwark
dátiles	dadels
embutidos	worsten
embutidos de la tierra	streekgerecht met worst
embutidos variados	assortiment worsten

MENUGIDS

empanada gallega	vispastei
empanada santiaguesa	vispastei
empanadillas de bonito	kleine vispasteitjes met tonijn bereid
empanadillas de carne	kleine vleespasteitjes
empanadillas de chorizo	kleine saucijzenpasteitjes
endivia	andijvie
ensaimada mallorquina	spiraalvormig broodje van bladerdeeg op Mallorca
ensalada de arenque	haringsalade
ensalada de atún	tonijnsalade
ensalada de frutas	fruitsalade
ensalada de gambas	garnaalsalade
ensalada de lechuga	salade met sla
ensalada de pollo	kipsalade
ensalada de tomate	tomatensalade
ensalada ilustrada	gemengde salade
ensalada mixta	gemengde salade
ensalada simple	eenvoudige salade
ensaladilla	slaatje
ensaladilla rusa	Russische salade
entrecot a la parrilla	gegrilde entrecote
entrecot de ternera	kalfsentrecote
entremeses de la casa	hors d'oeuvre van het huis
entremeses variados	gemengde hors d'oeuvre
escalope a la milanesa	vleeslapje met kaas
escalope a la parrilla	geroosterd vleeslapje
escalope a la plancha	gegrild vleeslapje
escalope de lomo de cerdo	varkenslapje van de rug
escalope de ternera	kalfslapje
escalope empanado	schnitzel
escalopines al vino de Marsala	kalfslapjes in wijn
escalopines de ternera	kalfslapjes
escarola	krulandijvie
espadín a la toledana	brochette
espaguetis italiana	spaghetti op Italiaanse wijze
espárragos	asperges
espárragos con mayonesa	asperges met mayonaise
espárragos trigueros	groene asperges
espinacas	spinazie
espinacas a la crema	spinazie met room
espinazo de cerdo con patatas	stoofpot van varkensribbetjes met aardappelen

MENUGIDS

estofado de ...	stoofpot van ...
estofado de liebre	stoofpot van haas
estragón	dragon
fabada (asturiana)	stoofpot van bonen met worst
faisán con castañas	fazant met kastanjes
faisán estofado	gestoofde fazant
faisán trufado	fazant met truffels
fiambres	koud vlees
fideos	vermicelli
filete a la parrilla	geroosterde filet
filete de cerdo	varkensfilet
filete de ternera	kalfsfilet
flan	flan
flan al ron	flan met rum
flan de caramelo	flan met caramel
fresas con nata	aardbeien met room
fruta	fruit
frutas en almíbar	vruchten op siroop
fruta variada	gemengd fruit
gallina en pepitoria	gestoofde kip met pepers
gambas al ajillo	garnalen met look
gambas a la americana	garnalen
gambas a la plancha	gegrilde garnalen
gambas cocidas	gekookte garnalen
gambas con mayonesa	garnalen met mayonaise
gambas en gabardina	garnalen in boter
gambas rebozadas	garnalen in beslag
garbanzos	kikkererwten
garbanzos a la catalana	kikkererwten op Catalaanse wijze (met worst, gekookte eieren en pijnappels)
gazpacho andaluz	koude soep uit Andalusië
gelatina de ...	...gelei
gratén de ...	au gratin (gebakken in een kaassaus met room)
grelo	raap
guisantes con jamón	erwten met ham
guisantes salteados	gebakken erwten
habas	labbonen
habas con jamón	labbonen met ham
habas fritas	gebakken labbonen
habichuelas	bonen

MENUGIDS

helado de caramelo	karamelroomijs
helado de chocolate	chocoladeroomijs
helado de fresa	aardbeienroomijs
helado de mantecado	roomijs
helado de nata	roomijs
helado de turrón	roomijs met noten
helado de vainilla	vanilleroomijs
hígado	lever
hígado con cebolla	gekookte lever met ui
hígado de ternera estofado	gestoofde kalfslever
hígado estofado	gestoofde lever
higos con miel y nueces	vijgen met noten en honing
higos secos	gedroogde vijgen
horchata (de chufas)	kokosmelk
huevo hilado	garnering met eierdooier
huevos	eieren
huevos a la flamenca	gebakken eieren met ham, tomaten en groenten
huevos cocidos	gekookte eieren
huevos con jamón	eieren met ham
huevos duros	hardgekookte eieren
huevos duros con mayonesa	hardgekookte eieren met mayonaise
huevos con panceta	eieren met bacon
huevos con patatas fritas	eieren met frietjes
huevos con picadillo	eieren met worst
huevos con salchichas	eieren met worstjes
huevos escalfados	gepocheerde eieren
huevos fritos	gebakken eieren
huevos fritos con chorizo	gebakken eieren met chorizo (soort Spaanse pikante worst)
huevos fritos con jamón	gebakken eieren met ham
huevos pasados por agua	zachtgekookte eieren
huevos rellenos	gevulde eieren
huevos revueltos con tomate	omelet met tomaat
jamón con huevo hilado	ham met garnering van eierdooier
jamón de Jabugo	soort Spaanse ham
jamón de Trevélez	soort Spaanse ham
jamón serrano	rauwe ham
jarra de vino	kruik wijn
jerez amontillado	demi-sec sherry
jerez fino	jonge droge sherry
jerez oloroso	zoete sherry

MENUGIDS

jeta	varkenskaak
judías verdes	groene bonen
judías verdes a la española	bonenstoofpot
judías verdes al natural	groene bonen naturel
judías verdes con jamón	groene bonen met ham
jugo de albaricoque	abrikozensap
jugo de lima	limoensap
jugo de limón	citroensap
jugo de melocotón	perzikensap
jugo de naranja	sinaasappelsap
jugo de piña	ananassap
jugo de tomate	tomatensap
Jumilla	tomatensap
langosta a la americana	kreeft met cognac en look
langosta a la catalana	kreeft met champignons en ham in witte saus
langosta fría con mayonesa	koude kreeft met mayonaise
langosta gratinada	gegratineerde kreeft
langostinos a la plancha	gebakken garnalen
langostinos con mayonesa	garnalen met mayonaise
langostinos dos salsas	gekookte garnalen met twee sausen
laurel	laurier
leche frita	soort pudding van melk en eieren
leche merengada	koude melk met merengue
lechuga	sla
lengua de buey	ossentong
lengua de cordero estofada	gestoofde lamstong
lenguado a la parrilla	gegrilde tong
lenguado a la plancha	geroosterde tong
lenguado a la romana	gefrituurde tong
lenguado frito	gebakken tong
lenguado grillado	gegrilde tong
lenguado meuniere	tong meunière (ingewreven in bloem, gebakken en opgediend in boter met citroen en peterselie)
lentejas	linzen
lentejas aliñadas	linzen met vinaigrette
licores	likeuren
liebre estofada	gestoofde haas
lombarda rellena	gevulde kool
lombarda salteada	gebakken kool
lomo curado	gerookt vlees

MENUGIDS

lonchas de jamón	sneetjes gerookte ham
longaniza	soort varkensworst
lubina a la marinera	zeebaars in peterseliesaus
lubina al horno	gebakken zeebaars (in de oven)
macarrones	macaroni
macarrones gratinados	gegratineerde macaroni
macedonia de fruta	vruchtensalade
Málaga	zoete wijn
mandarinas	mandarijntjes
manises	pinda's
manitas de cordero	lamspootjes
manos de cerdo	varkenspoten
manos de cerdo a la parrilla	geroosterde varkenspoten
mantecadas	soort kleine cakes
mantequilla	boter
manzanas	appels
manzanas asadas	gebakken appels
manzanilla	soort droge sherry
mariscada	gemengde zeevruchtenschotel
mariscos del día	verse zeevruchten
mariscos del tiempo	seizoenszeevruchten
mazápan	marsepein
medallones de anguila	palingfilet
medallones de merluza	heekfilet
media de agua	halve fles mineraalwater
mejillones	mosselen
mejillones de marinera	mosselen in wijn
melocotón	perzik
melocotones en almíbar	perziken op siroop
melón	meloen
melón con jamón	meloen met ham
membrillo	kweeperengelei
menestra de legumbres	groentestoofpot
menú de la casa	menu van het huis
menú del día	dagschotel
merluza a la cazuela	gestoofde heek
merluza a la parrilla	gegrilde heek
merluza a la plancha	geroosterde heek
merluza a la riojana	heek met pepers
merluza a la romana	gefrituurde heekfilets (in beslag)
merluza a la vasca	heek in looksaus
merluza al ajo arriero	heek met look en pepers

MENUGIDS

merluza en salsa	heek in saus
merluza en salsa verde	heek in een saus van peterselie en wijn
merluza fría	koude heek
merluza frita	gebakken heek
mermelada	jam
mermelada de albaricoque	abrikozenjam
mermelada de ciruelas	pruimenjam
mermelada de frambuesas	aardbeienjam
mermelada de limón	citroenjam
mermelada de melocotón	perzikenjam
mermelada de naranja	sinaasappeljam
mero	soort baars
mero a la parrilla	geroosterde baars
mero en salsa verde	baars in groene saus (peterselie en look)
mollejas de ternera fritas	gebakken kalfszwezerik
morcilla	beuling
morcilla de carnero	schapenbeuling
morros de cerdo	varkenskaak
morros de vaca	rundkaak
mortadela	soort salami
morteruelo	gehakt van varkenslever
mousse de chocolate	chocoladeschuim
mousse de limón	citroenschuim
nabo	raap
naranjas	sinaasappels
natillas	pudding
natillas de chocolate	chocoladepudding
níscalos	paddestoelen
nísperos	mispels
nueces	noten
orejas de cerdo	varkensoren
otros mariscos según precios en plaza	andere zeevruchten aan dagprijs
paella	paella
paella castellana	paella met vlees
paella de marisco	paella met zeevruchten
paella de pollo	paella met kip
paella valenciana	paella met zeevruchten en kip
paleta de cordero lechal	lamsschouder
pan	brood
pan de higos	cake met gedroogde vijgen en kaneel
panache de verduras	groenteschotel

MENUGIDS

panceta	bacon
parrillada de caza	gegrilde wildschotel
parrillada de mariscos	gegrilde zeevruchtenschotel
pasas	rozijnen
pastel de ...	...taart
pastel de ternera	kalfspastei
pasteles	pasteitjes
patatas a la pescadora	aardappelen met vis
patatas asadas	gebakken aardappelen
patatas bravas	aardappelen in een saus met cayennepeper
patatas fritas	friet
patitos rellenos	gevulde aardappelen
pato a la naranja	eend bereid met sinaasappels
pato asado	gebraden eend
pato estofado	gestoofde eend
pavipollo	kalkoentje
pavo asado	gebraden kalkoen
pavo relleno	gevulde kalkoen
pavo trufado	kalkoen met truffels
pecho de ternera	kalfsborst
pechuga de pollo	kippenborst
pepinillos	augurkjes
pepinillos en vinagreta	augurkjes in azijn
pepino	komkommer
peras	peren
percebes	eendenmossels
perdices a la campesina	patrijs met groente
perdices a la manchega	patrijs in rode wijn met look, kruiden en peper
perdices asadas	gebraden patrijs
perdices con chocolate	patrijs met chocoladesaus
perdices escabechadas	gemarineerde patrijs
perejil	peterselie
pescaditos fritos	gefrituurde visjes
pestiños	soort beignets met anijssmaak
pez espada ahumado	gerookte zwaardvis
picadillo de ternera	kalfsgehaktworst
pimienta	zwarte peper
pimientos a la riojana	in olie gebakken pepers met look
pimientos fritos	gebakken pepers
pimientos morrones	pikante pepers

MENUGIDS

pimientos rellenos	gevulde pepers
pimientos verdes	groene pepers
piña al gratín	gegratineerde ananas
piña fresca	verse ananas
pinchitos	kleine snacks
pinchos	versnaperingen
pinchos morunos	brochetten
piñones	pijnappelnoten
pisto	gebakken groentemix
pisto manchego	pompoen met ui en tomaat
plátanos	bananen
plátanos flameados	geflambeerde bananen
pollo a la parrilla	geroosterde kip
pollo a la riojana	kip met pepers en chili
pollo al ajillo	kip met look
pollo al champaña	kip in champagne
pollo al vino blanco	kip in witte wijn
pollo asado	kip aan het spit
pollo braseado	gesmoorde kip
pollo con tomate	kip met tomaat
pollo con verduras	kip met groente
pollo en cacerola	kippenstoofpot
pollo en pepitoria	kip in wijn met saffraan, look en amandelnoten
pollo salteado	gesauteerde kip
pollos tomateros con zanahorias	piepkuiken met worteltjes
polvorones	dessert op basis van suiker (met Kerstmis)
pomelo	grapefruit
potaje castellano	Castiliaanse soep
potaje de garbanzos	soep van kikkererwtjes
potaje de habichuelas	bonensoep
potaje de lentejas	linzensoep
puchero canario	vleesstoofpot met kikkererwten en maïs
pulpitos con cebolla	kleine inktvisjes met ui
pulpo	inktvis
puré de patatas	aardappelpuree
queso con membrillo	kaas met kweeperengelei
queso de Burgos	kaas uit Burgos, zachte witte kaas
queso de bola	Hollandse kaas
queso de oveja	schapenkaas
queso del país	streekkaas

MENUGIDS

queso gallego	romige kaas
queso manchego	harde kaas
quisquillas	garnalen
rábanos	radijzen
ragout de ternera	kalfsragout
rape a la americana	zeeduivel met cognac en kruiden
rape a la cazuela	stoofpot van zeeduivel
rape a la plancha	gebakken zeeduivel
raviolis	ravioli
raya	rog
redondo al horno	geroosterde runderfilet
remolacha	biet
repollo	krop
repostería de la casa	pasteitjes van het huis
requesón	romige kaas
revuelto de ajos tiernos	omelet met jonge look
revuelto de angulas	omelet met paling
revuelto de gambas	omelet met garnalen
revuelto de sesos	omelet met hersenen
revuelto de trigueros	omelet met asperges
revuelto mixto	omelet met gemengde groente
Ribeiro	soort wijn
riñones	niertjes
riñones al jerez	niertjes bereid in sherry
Rioja	rode of witte wijn – wordt beschouwd als een van Spanjes beste wijnen
rodaballo	tarbot
romero	rozemarijn
ron	rum
roscas	zoete kokoskoekjes
sal	zout
salchichas	worstjes
salchichas de Frankfurt	Frankfurter worstjes
salchichón	witte worst met peper
salmón a la parrilla	gegrilde zalm
salmón ahumado	gerookte zalm
salmón frío	koude zalm
salmonete	zeebarbeel
salmonete a la parrilla	gegrilde zeebarbeel
salmonete en papillote	in folie gestoomde zeebarbeel
salmorejo	dikke saus van brood, tomaten, olijfolie, azijn, groene peper en look,

MENUGIDS

	meestal geserveerd met hardge-kookte eieren
salpicón de mariscos	ragout van zeevruchten
salsa allioli/ali oli	mayonaise met look
salsa bechamel	witte saus
salsa de tomate	tomatensaus
salsa holandesa	Hollandse saus
salsa mahonesa/mayonesa	mayonaise
salsa tártara	tartaarsaus
salsa vinagreta	vinaigrette
sandía	watermeloen
sangría	sangria (mengsel van rode wijn, limonade, sterke drank en fruit)
sardinas a la brasa	sardienen op de barbecue
sardinas a la parrilla	geroosterde sardienen
sardinas fritas	gebakken sardienen
seco	droog
semidulce	halfzoet
sesos a la romana	hersenen gefrituurd in beslag
sesos rebozados	hersenen in beslag
setas a la plancha	gegrilde paddestoelen
setas rellenas	gevulde paddestoelen
sidra	cider
sobreasada	zachte rode saus met pepers
solomillo con guisantes	ossenhaas met erwten
solomillo con patatas	ossenhaas met frieten
solomillo de ternera	kalfsossenhaas
solomillo de vaca	ossenhaas
solomillo frío	koude ossenhaas
sopa	soep
sopa castellana	groentesoep
sopa de ajo	looksoep
sopa de almendras	pudding op basis van amandelen
sopa de cola de buey	ossenstaartsoep
sopa de fideos	vermicellisoep
sopa de gallina	kippensoep
sopa del día	dagsoep
sopa de legumbres	groentesoep
sopa de lentejas	linzensoep
sopa de marisco	zeevruchtensoep
sopa de pescado	vissoep
sopa de rabo de buey	ossenstaartsoep

MENUGIDS

sopa de verduras	groentesoep
sopa mallorquina	soep met tomaten, vlees en eieren
sopa sevillana	soep van vis en mayonaise
sorbete	sorbet
soufflé	soufflé
soufflé de fresones	aardbeiensoufflé
soufflé de naranja	sinaasappelsoufflé
soufflé de queso	kaassoufflé
suplemento de verduras	extra groente
tallarines	tagliatelle
tallarines a la italiana	tagliatelle op Italiaanse wijze
tarta de almendra	amandeltaart
tarta de chocolate	chocoladetaart
tarta de fresas	aardbeientaart
tarta de la casa	taart van het huis
tarta de manzana	appeltaart
tarta helada	ijstaart
tarta moca	mokkataart
tenca	zeelt
ternera asada	gebraden kalfsvlees
tocinillos de cielo	zoete crème van eidooiers en suiker (stroop)
tomates rellenos	gevulde tomaten
tomillo	tijm
tordo	papegaaivis
torrijas	wentelteefjes
tortilla Alaska	omelet sibérienne (dessert met cake, ijs en merengue gebakken in de oven)
tortilla a la paisana	boerenomelet (met groenten)
tortilla a su gusto	omelet volgens uw smaak
tortilla de bonito	omelet met tonijn
tortilla de champiñones	omelet met champignons
tortilla de chorizo	omelet met chorizo (Spaanse pikante worst)
tortilla de escabeche	visomelet
tortilla de espárragos	omelet met asperges
tortilla de gambas	omelet met garnalen
tortilla de jamón	omelet met ham
tortilla de patatas	omelet met aardappelen
tortilla de sesos	omelet met hersenen
tortilla de setas	omelet met paddestoelen
tortilla española	Spaanse omelet met aardappelen, uien en look

MENUGIDS

tortilla sacromonte	omelet met groente, hersenen en worst
tortillas variadas	assortiment tortilla's
tournedó	tournedos
trucha ahumada	gerookte forel
trucha con jamón	forel met ham
trucha escabechada	gemarineerde forel
truchas a la marinera	forel in wijnsaus
truchas molinera	forel meunière (forel in bloem gewenteld, gebakken in boter en opgediend met citroen en peterselie)
trufas	truffels
turrón	noga
turrón de Alicante	harde noga
turrón de Jijona	zachte noga
turrón de coco	kokosnoga
turrón de yema	noga met eierdooier
uvas	druiven
Valdepeñas	soort fruitige rode wijn
vieiras	jakobsschelpen
vino blanco	witte wijn
vino de mesa	tafelwijn
vino rosado	rosé
vino tinto	rode wijn
zanahorias a la crema	worteltjes in roomsaus
zarzuela de mariscos	stoofpot van zeevruchten
zarzuela de pescados y mariscos	stoofpot van vis en zeevruchten
zumo de ...	...sap
zumo de albaricoque	abrikozensap
zumo de lima	limoensap
zumo de limón	citroensap
zumo de melocotón	perzikensap
zumo de naranja	sinaasappelsap
zumo de piña	ananassap
zumo de tomate	tomatensap

WINKELEN

Op de volgende bladzijden vindt u een aantal woorden en standaardzinnen die op verschillende plaatsen gebruikt kunnen worden – bij de bakker, de kapper, de bank... Hoe al deze plaatsen in het Spaans genoemd worden, vindt u hieronder. Na de standaardzinnen vindt u een aantal meer specifieke verzoeken en zinnen, die u kunt gebruiken als u gevonden hebt wat u zocht – voeding, kleding, kapper, film. Vergeet niet het woordenboek achteraan te raadplegen voor items die u zoekt.

Volgens de laatste wetsbepalingen zijn er geen vaste openingsuren meer. De meeste winkels zijn echter geopend tijdens de gebruikelijke uren: van 9 uur tot 13.30 uur en van 16.30 uur tot 19.30 uur. In de zomer kan een langere lunchpauze gehouden worden en zijn de winkels open van 17 uur tot 20.30 uur. De meeste winkels sluiten op zaterdag om 14 uur. Grootwarenhuizen blijven tijdens de lunchpauze open en sluiten ook 's zaterdags later.

Toiletartikelen kunt u kopen in supermarkten, grootwarenhuizen en **perfumerías** (waar ze waarschijnlijk iets duurder zijn). (zie Medische Verzorging, blz. 113 voor meer informatie over apotheken.)

Een kapsalon heet **peluquería**. Een kapsalon voor heren heet meestal **barbería** en is makkelijk herkenbaar aan de traditionele draaiende cilinder met rode, witte en blauwe strepen.

■ *NUTTIGE WOORDEN EN ZINNEN*

antiekwinkel	la tienda de antigüedades	tjenda de antiGwedades
bakkerij	la panadería	panaderia
banketbakkerij	la pastelería, la confitería	pasteleria, konfiteria
bloemisterij	la floristería	floristeria
boekwinkel	la librería	libreria
boetiek	el boutique	boetike
brillenwinkel	la óptica	optika
dames	señoras	senjoras
duur	caro	karo
elekriciteitswinkel	la eléctrica	elektrika
fotozaak	la tienda de fotografía	tjenda de fotoGrafia
fruitwinkel	la frutería	froeteria

WINKELEN

geschenkenwinkel	la tienda de regalos	tjenda de reGalos
goedkoop	barato	barato
grootwarenhuizen	los grandes almacenes	grandes almaSenes
grote supermarkt	el híper	(ch)iper
heren	caballeros	kabaljeros
hifi-toestellen	aparatos de música	aparatos de moesika
ijzerwinkel	la ferretería	ferreteria
juwelier	la joyería	chojeria
kampeeruitrusting	equipos de camping	ekipos de kampin
kapsalon (dames)	peluquería	peloekeria
kapsalon (heren)	la barbería	barberia
kassa	la caja	kacha
kleermaker	la sastrería	sastreria
kopen	comprar	komprar
korting	rebajas, liquidación	rebachas, likidaSjon
kosten	costar	kostar
krantenkiosk	el kiosko de periódicos	kiosko de perjodikos
kruidenierswinkel	la tienda de comestibles	tjenda de komestibles
markt	el mercado	merkado
muziekwinkel	la tienda de discos	tjenda de diskos
ontvangstbewijs	el recibo	reSibo
papierhandel	la papelería	papeleria
porselein	la porcelana	porSelana
reisagentschap	la agencia de viajes	achenSja de biaches
schoenmaker	reparación del calzado	reparaSjon del kalSado
schoenwinkel	la zapatería	Sapateria
slagerij	la carnicería	karniSeria
souvenirwinkel	la tienda de regalos	tjenda de reGalos
speelgoedwinkel	la juguetería	choeGeteria
sportkleding	ropa de deporte	ropa de deporte
sportuitrusting	equipos de deporte	ekipos de deporte
stomerij en ververij	la tintorería	tintoreria
supermarkt	el supermercado	soepermerkado
tabakswinkel	el estanco	estanko
tas	una bolsa	bolsa
viswinkel	la pescadería	peskaderia

WINKELEN

voedingszaak	la tienda de alimentación	*tjenda de alimentaSjon*
wassalon	la lavandería automática	*labanderia automatika*
wijnhandel	la bodega de vinos	*bodeGa de binos*
winkel	la tienda	*tjenda*
winkel met ambachtelijke producten	la tienda de artesanía	*tjenda de artesania*

Excuseer, waar staat de ... ? (in de supermarkt)
Por favor, ¿dónde está/están ...?
por fabor, donde esta/estan ...

Waar is een ...winkel?
¿Dónde hay una (tienda de) ...?
donde aj oena tjenda de ...?

Waar is de afdeling ...?
¿Dónde está la sección de ...?
donde esta la sekSjon de ...?

Waar is de winkelzone?
¿Dónde está la zona comercial?
donde esta la Sona komerSjal?

Is er hier een markt?
¿Hay algún mercadillo aquí?
aj algoen merkadiljo aki?

Ik zou graag...
Querría...
kerria

Hebt u ...
¿Tiene ...?
tjene

WINKELEN

Hoeveel kost dit?
¿Cuánto es esto?
kwanto es esto

Waar moet ik betalen?
¿Dónde se paga?
donde se paGa

Kan ik met mijn creditcard betalen?
¿Puedo pagar con tarjeta de crédito?
pwedo paGar kon tarcheta de kredito

Ik denk dat u mij te weinig teruggegeven hebt.
Me parece que me ha dado cambio de menos.
me pareSe ke me a dado kambjo de menos

Kan ik een ontvangstbewijs krijgen?
¿Me da un recibo?
me da oen reSibo

Kunt u mij een tasje geven, alstublieft?
¿Me da una bolsa, por favor?
me da oena bolsa por fabor

Ik kijk alleen maar.
Sólo estoy mirando.
solo estoj mirando

Ik kom straks terug.
Volveré luego.
bolbere lweGo

Hebt u nog meer van deze?
¿Tiene alguno más de éstos?
tjene alGoeno mas de estos

Hebt u iets goedkopers?
¿Tiene usted algo más barato?
tjene oeste alGo mas barato

WINKELEN

Hebt u iets groters/kleiners?
¿Tiene usted algo más grande/pequeño?
tjene oeste alGo mas grande/pekenjo

Mag ik deze proberen?
¿Puedo probármelo(s)?
pwedo probarmelo(s)

Hebt u dit in andere kleuren?
¿Lo hay en otros colores?
lo aj en otros kolores

Kunt u dit als een geschenk verpakken?
¿Podría envolvérmelo para regalo?
podria enbolbermelo para reGalo

Ik zou dit graag omruilen want er is iets fout aan.
Querría que me cambien esto porque tiene un defecto.
kerria ke me kambjen esto porke tjene oen defekto

Ik vrees dat ik geen aankoopbewijs heb.
Me temo que no tengo el ticket de compra.
me temo ke no tenGo el tike de kompra

Kunt u mij mijn geld teruggeven?
¿Puede devolverme el dinero?
pwede debolberme el dinero

Mijn fototoestel werkt niet.
Mi máquina (de fotos) no funciona.
mi makina de (fotos) no foenSjona

Ik wil graag een kleurenfilmpje van zesendertig foto's, 100 ASA.
Quiero un carrete en color de treinta y seis fotos. De cien ISO.
kjero oen karrete en kolor de trejnta i sejs fotos, de Sjen ISO

Ik wil dit filmpje graag laten ontwikkelen.
Querría revelar este carrete.
kerria rebelar este karrete

WINKELEN

Matte foto's
Copias en papel mate
kopjas en papel mate

Glanzende foto's
Copias con brillo
kopjas kon briljo

One-hour service
Servicio de una hora
SerbiSjo de oena ora

Waar kan ik dit laten herstellen?
¿Dónde me pueden arreglar esto?
donde me pweden arreGlar esto

Kunt u dit voor mij herstellen?
¿Puede arreglarme esto?
pwede arreGlarme esto

Ik wil deze rok/broek laten stomen.
Quiero que me limpien esta falda/estos pantalones.
kjero ke me limpjen esta falda/estos pantalones

Wanneer zal het/zullen ze klaar zijn?
¿Cuándo estará(n) listo(s)?
kwando estara(n) listo(s)

Kunt u geld wisselen voor de wasmachine/droogkast?
¿Me puede cambiar dinero para la lavadora/secadora?
me pwede kambjar dinero para la labadora/sekadora

Kunt u me even tonen hoe de machine werkt, alstublieft?
¿Puede enseñarme a manejar la máquina, por favor?
pwede ensenjarme a manechar la makina por fabor

Ik zou graag een afspraak maken.
Querría pedir hora.
kerria pedir ora

WINKELEN

Wilt u mijn haar knippen en watergolven, alstublieft?
Querría un corte y moldeado con secador de mano
kerria oen korte i moldeado kon sekador de mano

Met/zonder conditioner, alstublieft.
Con/sin acondicionador, por favor.
kon/sin akondiSjonador por fabor

Alleen een beetje bijknippen, alstublieft.
Recórtemelo un poco solamente, por favor.
rekortemelo oen poko solamente, por fabor

Wilt u hier nog een beetje meer knippen, alstublieft?
Córtemelo un poco más por aquí, por favor.
kortemelo oen poko mas por aki, por fabor

Knip niet te veel, alstublieft!
¡No me corte demasiado!
no me korte demasjado

Wanneer gaat de markt open?
¿Cuándo se abre el mercadillo?
kwando se abre el merkadiljo

Hoeveel kost een kilo?
¿Cuánto vale el kilo?
kwanto bale el kilo

Kunt u het op een briefje schrijven?
¿Puede escribírmelo?
pwede eskribirmelo

Dat is te veel! Ik betaal…
¡Eso es demasiado! Le doy …
eso es demasjado. le doj

Ik heb het elders gezien voor … euro.
Lo he visto en otro puesto a … euros.
lo e bisto en otro pwesto a … euros

WINKELEN

Het is goed. Ik neem het.
Está bien. Me lo llevo.
esta bjen. me lo ljebo

Ik wil een stukje van die kaas.
Quiero un trozo de ese queso.
kjero oen troSo de ese keso

Ongeveer tweehonderd vijftig/vijfhonderd gram.
Como doscientos cincuenta/quinientos gramos.
komo dosSjentos Sinkwenta/kinjentos Gramos

Een kilo/een halve kilo appels, alstublieft.
Un kilo/medio kilo de manzanas, por favor.
oen kilo/medjo kilo de manSanas por fabor

Een half pond ham, alstublieft.
Un cuarto de kilo de jamón, por favor.
oen kwarto de kilo de chamon por fabor

Mag ik proeven?
¿Puedo probarlo?
pwedo probarlo?

Neen, ik vind het niet goed/lekker.
No, no me gusta.
no, no me Goesta

Het is heel lekker. Ik neem een beetje mee.
Está muy bueno. Me llevaré un poco.
esta moej bweno. me ljebare oen poko

Dit is niet wat ik wilde.
No es lo que yo querría.
no es lo ke jo kerria

WINKELEN

WAT U ZULT LEZEN

abierto	open
agencia de viajes	reisagentschap
alimentación	voeding
alquiler	huurservice
autoservicio	zelfbediening
barato	goedkoop
barbería	kapsalon (heren)
bricolage	doe-het-zelf
caballeros	heren
caja	kassa
calidad	kwaliteit
calzados	schoenen
carnicería	slagerij
cerrado	gesloten
cerrado por vacaciones	geslotens wegens vakantie
cerramos los ...	wij sluiten op ...
droguería	drogisterij
estanco	tabakswinkel
ferretería	ijzerwinkel
flores	bloemen
ganga	koopje
grandes almacenes	grootwarenhuizen
helado	ijs
juguetes	speelgoed
lavado	wasgoed
librería	boekwinkel
liquidación total	totale uitverkoop
moda	mode
moldeado con secador de mano	watergolven
no se admiten devoluciones	wij nemen geen goederen terug
no tocar	niet aanraken
objetos de escritorio	schrijfartikelen
oferta	aanbieding
panadería	bakkerij

WINKELEN

papelería	papierwinkel
pastelería	banketbakker
peletería	bontwinkel
peluquería de caballeros	herenkapsalon
peluquería de señoras	dameskapsalon
planta sótano	kelderverdieping
planta superior	bovenverdieping
por favor, use una cesta/ un carrito	gebruik een winkelmandje/wagentje, alstublieft
precio	prijs
rea	uitverkoop
rebajado	prijsverlaging
rebajas	korting
rebajas de verano	zomerkoopjes
saldos	koopjes
salón de peluquería	kapsalon
sección	afdeling
señoras	dames
verduras	groente

WINKELEN

WAT U ZULT HOREN

¿Le están atendiendo?
Wordt u al geholpen?

¿Qué desea?
Wat wenst u?

¿No tiene más que eso?
Hebt u niets anders meer?

Lo siento, se nos han terminado.
Het spijt me, ze zijn uitverkocht.

Esto es todo lo que tenemos.
Dit is alles wat we hebben.

No podemos devolver el importe.
We kunnen het bedrag niet terugbetalen.

¿Desea algo más?
Wilt u nog iets anders?

¿Cuánto querría?
Hoeveel zou u graag willen?

¿Le importa que sea un poco más?
Mag het een beetje meer zijn?

Lo siento, no admitimos tarjetas de crédito.
Het spijt me, creditcards worden niet aanvaard.

¿Cómo quiere que se lo corte?
Hoe wilt u dat ik uw haar knip?

SPORT

Dankzij Spanjes prachtige klimaat kunt u er bijna alle buitensporten beoefenen. Aan de kusten in het oosten en het zuiden kunt u uitstekend zwemmen, waterskiën, zeilen, vissen (ook vissen onder water) en windsurfen. De noordkust biedt ook goede mogelijkheden en wordt steeds populairder ondanks het koelere klimaat. Op de Atlantische stranden geven vlaggen aan of de zee al dan niet gevaarlijk is om te zwemmen (rood: gevaarlijk; geel: wees voorzichtig; groen: veilig). Op de stranden kunt u alles huren tegen redelijke prijzen, van een parasol tot een surfplank. De golfsport geniet in Spanje een groeiende populariteit en kan er het hele jaar door beoefend worden. Golfterreinen vindt u in Madrid en bijna alle belangrijke badplaatsen. Op de meeste terreinen kunt u lessen nemen. Tennisbanen vindt u bijna overal en ook de squashmogelijkheden nemen toe. Fietsen is heel populair en op steeds meer plaatsen kunt u een fiets huren. Gebieden als de Pyreneeën en de Sierra Nevada bieden volop gelegenheid om te wandelen, te klimmen of te skiën in de winter.

■ *NUTTIGE WOORDEN EN ZINNEN*

alpinisme	el montañismo, el alpinismo	*montanjismo, alpinismo*
atletiek	el atletismo	*atletismo*
badminton	el badminton	*badminton*
bal	la pelota	*pelota*
beginnerspiste	la pista de principiantes	*pista de prinSipjantes*
bergwandelen	andar por las montañas	*andar por las montanjas*
binding *(ski)*	una atadura	*atadoera*
deltavliegen	el ala delta	*ala delta*
duikbril	las gafas de bucear	*Gafas de boeSear*
duiken	tirarse de cabeza	*tirarse de kabeSa*
duiksport	el submarinismo	*soebmarinismo*
fiets	una bicicleta	*biSikleta*
fietspad	el carril para bicicletas	*karril para biSikletas*
fietssport	el ciclismo	*Siklismo*
golf	el golf	*Golf*
golf spelen	jugar al golf	*choeGar al Golf*
golfclub *(stick)*	el palo	*palo*
golfterrein	un campo de golf	*kampo de Golf*

SPORT

harpoen	el fusil submarino	*foesil soebmarino*
hengel	una caña de pescar	*kanja de peskar*
hengelen	la pesca	*peska*
hockey	el hockey	*(ch)okej*
jacht	la caza	*kaSa*
jacht *(boot)*	un yate	*jate*
kano	una piragua	*piraGwa*
kanovaren	el piragüismo	*piraGwismo*
langlaufen	el esquí de fondo	*eski de fondo*
langlaufpiste	la pista de fondo	*pista de fondo*
mast	el mástil	*mastil*
onderwatervissen	la pesca submarina	*peska soebmarina*
paardrijden	montar a caballo	*montar a kabaljo*
pedaalboot	el hidropedal	*(ch)idropedal*
piste	la pista	*pista*
Pyreneeën	los Pirineos	*pirineos*
racket	una raqueta	*raketa*
ruiterhelm	el casco de equitación	*kasko de ekitaSjon*
ruitersport	la equitación	*ekitaSjon*
schaatsbaan	la pista de patinaje	*pista de patinache*
schaatsen	patinar	*patinar*
schaatsen *(voorwerp)*	los patines	*patines*
ski	un esquí	*eski*
skiën	esquiar	*eskiar*
skilift	el telesquí	*teleski*
skipas	un abono	*abono*
skischoenen	las botas de esquí	*botas de eski*
skisport	el esquí	*eski*
skistokken	los bastones	*bastones*
skiwas	la cera de esquís	*Sera de eskis*
slede	el trineo	*trineo*
sleeplift	el remonte	*remonte*
snorkel	el respirador	*respirador*
spel	un juego	*chweGo*
sportcentrum	el polideportivo	*polideportibo*
stadion	el estadio	*estadjo*
stierengevecht	los toros	*toros*
stroming	una corriente	*korrjente*

SPORT

surfpak	un traje isotérmico	tr_a_che isot_e_rmiko
surfplank	la tabla de surfing	t_a_bla de soerf_i_n
team	el equipo	ekipo
tennis	el tenis	t_e_nis
tennisplein	una pista de tenis	pista de t_e_nis
tennisracket	una raqueta de tenis	rak_e_ta de t_e_nis
tobogan	el tobogán	toboG_a_n
(soort bobslee)		
trampoline	un trampolín	trampol_i_n
turnsport	la gimnasia	chimn_a_sja
voetbal	el balón	bal_o_n
voetbalspel	un partido de fútbol	partido de f_oe_tbol
volleybal	el voleibol	bol_e_jbol
waterski's	los esquís acuáticos	esk_i_s akw_a_tikos
waterskiën	el esquí acuático	esk_i_ akw_a_tiko
windsurfen	hacer windsurfing	aS_e_r windsoerf_i_n
zadel	la silla	sil_j_a
zeil	la vela	b_e_la
zeilsport	la vela	b_e_la
zuurstofflessen	las botellas de oxígeno	bot_e_ljas de oks_i_cheno
zwembad	la piscina	pisS_i_na
zwemmen	nadar	nad_a_r
zwemvliezen	las aletas	al_e_tas

Hoe kom ik op het strand?
¿Por dónde se va a la playa?
por d_o_nde se ba a la pl_a_ja

Hoe diep is het water hier?
¿Qué profundidad tiene el agua aquí?
ke profoendid_a_ tj_e_ne el _a_Gwa ak_i_?

Is hier een overdekt zwembad/openluchtzwembad?
¿Hay una piscina cubierta/al aire libre aquí?
*aj _oe_na pisS_i_na koebj_e_rta/al _a_jre libre ak_i_*

SPORT

Kan men hier zonder gevaar zwemmen?
¿Se puede nadar sin peligro aquí?
se pwedo nadar sin peliGro aki

Mag ik hier hengelen?
¿Puedo pescar aquí?
pwedo peskar aki

Heb ik een vergunning nodig?
¿Necesito un permiso?
neSesito oen permiso

Is er een golfterrein in de buurt?
¿Hay algún campo de golf por aquí cerca?
aj alGoen kampo de Golf por aki Serka

Moet men lid zijn?
¿Es necesario ser socio?
es neSesarjo ser soSjo

Ik zou graag een fiets/een paar ski's huren.
Querría alquilar una bicicleta/unos esquís.
kerria alkilar oena biSikleta/oenos eskis

Hoeveel bedraagt de prijs per uur/dag?
¿Cuánto cuesta por hora/por día?
kwanto kwesta por ora/dia

Ik zou graag een cursus waterskiën volgen.
Querría tomar clases de esquí acuático.
kerria tomar klases de eski akwatiko

Waar kan ik ... huren?
¿Dónde puedo alquilar ...?
donde pwedo alkilar ...

SPORT

Ik weet niet wat er mis gaat met deze binding.
No sé qué pasa con esta atadura.
no se ke pasa kon esta atadoera

Hoeveel kost een weekabonnement voor de skilift?
¿Cuánto valen los abonos semanales para el telesquí?
kwanto balen los abonos semanales para el teleski

Hoe is de sneeuw vandaag?
¿Cuál es el estado de la nieve hoy?
kwal es el estado de la njebe oj

Ik zou graag eens proberen te langlaufen.
Me gustaría probar el esquí de fondo.
me Goestaria probar el eski de fondo

Ik heb dit nog nooit gespeeld.
Nunca había jugado a esto antes.
noengka abia choeGado a esto antes

We gaan schaatsen/zwemmen.
Vamos a patinar/nadar.
bamos a patinar/nadar

Wat is de stand?
¿A cómo van?
a komo ban

Wie heeft gewonnen?
¿Quién ha ganado?
kjen a Ganado

SPORT

WAT U ZULT LEZEN

acceso playa	naar het strand
alquiler de barcos	botenverhuur
alquiler de bicicletas	fietsenverhuur
alquiler de esquís	skiverhuur
alquiler de sombrillas	parasolverhuur
alquiler de tablas	surfplankenverhuur
alquiler de tumbonas	ligstoelenverhuur
camino privado	privé-weg
campo de golf	golfterrein
corriente peligrosa	gevaarlijke stroming
palos de golf	golfsticks
peatones	voetgangers
peligro	gevaar
piscina	zwembad
piscina cubierta	overdekt zwembad
pista de tenis	tennisplein
prohibido bañarse	zwemmen verboden
prohibido el paso	verboden doorgang
prohibido encender fuego	verboden vuur te maken
prohibido pescar	verboden te vissen
remonte	sleeplift
socorrista	redder
telecabina	kabellift
telesilla	stoeltjeslift
telesquí	skilift

POST EN BANK

De Spaanse post verzorgt alleen de verzending van brieven en telegrammen. U kunt er dus niet telefoneren. Daarvoor kunt u terecht in een telefooncel op straat of in de **Telefónica**. In het postkantoor kunt u wel postzegels kopen, maar Spanjaarden zelf kopen die meestal in de tabakswinkel (**estanco** – deze heeft een bruin met geel uithangbord).

De banken zijn alleen 's ochtends open, meestal van 9 tot 13.30 uur, van maandag tot vrijdag. Op zaterdag zijn ze open tot 13 uur. Soms vindt u nog banken met twee kassiers, waarbij u eerst bij de ene moet aanschuiven, voor u bij de tweede terecht kunt. Tegenwoordig zijn de meeste banken echter overgeschakeld op ons systeem, waar u aan hetzelfde loket alle handelingen kunt doen. Verder kunt u op heel veel plaatsen geld uit de muur halen.

Sinds 1 januari 2002 zijn ook in Spanje de eurobiljetten en -munten in omloop is de nationale munt, de Spaanse peseta, verdwenen als wettelijk betaalmiddel.

■ *NUTTIGE WOORDEN EN ZINNEN*

aangetekende brief	una carta certificada	k<u>a</u>rta Sertifik<u>a</u>da
afhalen	retirar	*retir<u>a</u>r*
afhaling	una retirada	*retir<u>a</u>da*
bank	el banco	b<u>a</u>nko
bankbiljet	un billete de banco	bilj<u>e</u>te de b<u>a</u>nko
brief	una carta	k<u>a</u>rta
briefkaart	una postal	post<u>a</u>l
brievenbus	el buzón	boeS<u>o</u>n
cheque	un cheque	tsj<u>e</u>ke
chequeboekje	el talonario de cheques	talon<u>a</u>rjo de tsj<u>e</u>kes
creditcard	la tarjeta de crédito	tarch<u>e</u>ta de kr<u>e</u>dito
douaneformulier	el impreso para la aduana	impr<u>e</u>so p<u>a</u>ra la adoe-<u>a</u>na
faxen	mandar por fax	mand<u>a</u>r por faks
faxmachine	una máquina de fax	m<u>a</u>kina de faks
formulier	un impreso	impr<u>e</u>so
geld	dinero	din<u>e</u>ro
geldautomaat	el cajero automático	kach<u>e</u>ro autom<u>a</u>tiko

POST EN BANK

gewone zending	correo ordinario	*korre̱o ordina̱rjo*
internationale overschrijving	un giro internacional	*chi̱ro internaSjona̱l*
levering	el reparto	*repa̱rto*
luchtpost	correo aéreo	*korre̱o ae̱reo*
ontvangst	la recogida	*rekochi̱da*
pakje	un paquete	*pake̱te*
post(kantoor)	(la oficina de) correos	*ofiSi̱na de korre̱os*
post (briefwisseling)	el correo	*korre̱o*
postbode	el cartero	*karte̱ro*
postcode	el distrito postal	*distri̱to posta̱l*
poste restante	la lista de correos	*li̱sta de korre̱os*
posten	echar al buzón	*etsja̱r al boeSo̱n*
postoverschrijving	un giro postal	*chi̱ro posta̱l*
posttarieven	las tarifas postales	*tari̱fas posta̱les*
postzegel	un sello	*se̱ljo*
reischeque	un cheque de viaje	*tsje̱ke de bia̱che*
storten	ingresar	*inGresa̱r*
storting	un ingreso	*inGre̱so*
telefax	un fax	*faks*
telegram	un telegrama	*teleGra̱ma*
toonbank	el mostrador	*mostrado̱r*
wisselen	cambiar	*kambia̱r*
wisselkoers	el tipo de cambio	*ti̱po de ka̱mbjo*

Hoeveel moet er op een brief/postkaart naar België/Nederland?
¿Qué franqueo lleva una carta/una postal a Bélgica/Holanda?
ke franke̱o lje̱ba oe̱na ka̱rta/posta̱l a be̱lchika/ola̱nda

Ik zou graag drie postzegels hebben.
Querría tres sellos.
kerri̱a tres se̱ljos

Ik wil deze brief aangetekend verzenden.
Quiero mandar esta carta certificada.
kje̱ro manda̱r e̱sta ka̱rta Sertifika̱da

POST EN BANK

Ik wil dit pakje naar België/Nederland verzenden.
Quiero mandar este paquete a Bélgica/Holanda.
kjero mandar este pakete a belchika/olanda

Hoe lang doet de post naar België/Nederland erover?
¿Cuánto tarda el correo para Bélgica/Holanda?
kwanto tarda el korreo para belchika/olanda

Waar kan ik dit posten?
¿Dónde puedo echar esto?
donde pwedo etsjar esto

Is er post voor mij?
¿Hay algún correo para mí?
aj alGoen korreo para mi

Ik zou graag een telegram/fax versturen.
Querría poner un telegrama/mandar un fax.
kerria poner oen teleGrama/mandar oen faks

Ik zou dit graag per luchtpost verzenden.
Esto quiero que vaya por avión.
esto kjero ke baja por abjon

Ik wil dit voor euro's wisselen.
Quiero cambiar esto en euros.
kjero kambiar esto en euros

Ik zou graag deze reischeques verzilveren.
Quisiera hacer efectivos estos cheques de viaje.
kisjera aSer efektivos estos tsjekes de biache

Wat is de wisselkoers van de …?
¿A cuánto está el … ?
a kwanto esta el

Kan ik geld afhalen met deze creditcard?
¿Puedo sacar dinero con esta tarjeta (de crédito)?
pwedo sakar dinero kon esta tarcheta (de kredito)

POST EN BANK

Kunt u mij briefjes van vijf geven, alstublieft?
¿Me lo puede dar en billetes de cinco, por favor?
me lo pwede dar en biljetes de Sinko, por fabor

Zou u mij kleinere biljetten kunnen geven, alstublieft?
¿Podría darme billetes de menor valor?
podria darme biljetes de menor balor

WAT U ZULT LEZEN

banco	bank
buzón	brievenbus
caja	kassa
cajero automático	geldautomaat
cambio (de divisas)	(geld)wissel
cartas	brieven
certificados	aangetekende zendingen
correo aéreo	luchtpost
correo urgente	spoedbestelling
cuenta corriente	zichtrekening
destinatario	persoon die gebeld wordt
dirección	adres
distrito postal	postcode
España	Spanje
extranjero	buitenland
franqueo	frankering
giro	overschrijving
horas de oficina	kantooruren
horas de recogida	uren van de lichtingen
ingresos	stortingen
lista de correos	poste restante
localidad	plaats
mercado de divisas	geldmarkt

POST EN BANK

paquete	pakket
postal	postkaart
rellenar	invullen
remitente	afzender
sello	postzegel
tarifa	tarief
venta de sellos	verkoop van postzegels

TELEFOON

De Spaanse telefooncellen zijn metaalgrijs. Bovenaan op een groen paneel staat te lezen: **URBANA** (zonale gesprekken), **INTERURBANA** (interzonale gesprekken) of **INTERNACIONAL** (internationale gesprekken). Om vanuit een internationale cel naar België of Nederland te telefoneren, vormt u eerst het cijfer 07 en wacht u op de internationale toon (hoge toon). Daarna kiest u respectievelijk 32 of 31, gevolgd door het netnummer (zonder 0!) en het abonneenummer van degene die u belt.
De tonen die u in het toestel hoort, zijn vergelijkbaar met de onze:

Kiestoon: een aanhoudende toon
Rinkelen: onderbroken lange toon
Bezet: onderbroken korte toon

Bars en restaurants beschikken meestal over een betaaltelefoon met teller die op nul gezet wordt als u wilt bellen. Om te telefoneren kunt u ook terecht in een **central telefónica** of **teléfonos** (telefoon/wisselkantoor), die u meestal in het centrum vindt. Ze worden uitgebaat door de **CTNE** (Spaanse Nationale Telefoonmaatschappij) en zijn in belangrijke steden vaak de hele dag open. Aan de balie vraagt u het nummer van uw correspondent aan, en vervolgens gaat u naar de cel die u wordt toegewezen, waar u op de verbinding wacht. Na uw gesprek gaat u terug naar de balie om te betalen. U kunt ook uitkijken naar een van de **locutorios telefónicos**, die volgens hetzelfde systeem als de **central telefónica** werken, maar meestal langs de stranden in belangrijke badplaatsen gelegen zijn. In belangrijke steden vindt u ook private **locutorios**, die wel duurder zijn, maar u een lange tocht naar de **central telefónica** kunnen besparen.

TELEFOON

■ *NUTTIGE WOORDEN EN ZINNEN*

automatische telefoon	un teléfono automático	*telefono automatiko*
bestemmeling betaalt	una llamada a cobro revertido	*ljamada a kobro rebertido*
inlichtingen	información	*informaSjon*
internationaal	internacional	*internaSjonal*
kiestoon	la señal para marcar	*senjal para markar*
kiezen, vormen	marcar	*markar*
noodoproep	una emergencia	*emerchenSja*
nummer	el número	*noemero*
openbare telefoon	un teléfono público	*telefono poebliko*
oproep	una llamada	*ljamada*
telefoneren	llamar (por teléfono)	*ljamar por teléfono*
telefoniste	la operadora	*operadora*
telefoon	un teléfono	*telefono*
telefoon met kaart	un teléfono de tarjeta	*telefono de tarcheta*
telefooncel	una cabina telefónica	*kabina telefonika*
telefoongids	la guía telefónica	*Gia telefonika*
telefoonkaart	una tarjeta de teléfono	*tarcheta de telefono*
toestel	el aparato	*aparato*
toestelnummer	extención	*estenSjon*
verkeerd nummer	el número equivocado	*noemero ekibokado*
verkeerde verbinding	un cruce de líneas	*kroeSe de lineas*
zonenummer	el prefijo	*preficho*

Waar is de dichtstbijzijnde telefooncel?
¿Dónde está la cabina telefónica más cercana?
donde esta la kabina telefonika mas Serkana

Is er een telefoongids?
¿Hay una guía telefónica?
aj oena Gia telefonika

Ik zou graag de telefoongids van Málaga hebben
Querría la guía telefónica de Málaga
kerria la Gia telefonika de malaGa

TELEFOON

Kan ik van hieruit naar het buitenland bellen?
¿Puedo llamar al extranjero desde aquí?
pwedo ljamar al estranchero desde aki

Hoeveel kost een gesprek met België/Nederland?
¿Cuánto cuesta una llamada a Bélgica/Holanda?
kwanto kwesta oena ljamada a belchika/olanda

WAT U ZULT HOREN

¿A dónde quiere llamar?
Waar wilt u naartoe bellen?

Vaya a la cabina cuatro.
Ga naar kabine vier.

Ik wil graag dat degene die ik bel, betaalt.
Quiero que sea a cobro revertido.
kjero ke sea a kobro rebertido

Ik wil een nummer in Barcelona.
Quiero un número e Barcelona.
kjero oen noemero en BarSelona

Kunt u mij een buitenlijn geven, alstublieft?
¿Puede darme línea, por favor?
pwede darme linea por fabor

Hoe kan ik een buitenlijn krijgen?
¿Cómo puedo obtener línea?
komo pwedo obtener linea

Hallo, met Ann.
Hola, soy Ana.
ola, soj ana

Spreek ik met Fernando?
¿Es (Usted) Fernando?
es oeste fernando

TELEFOON

Hallo.
Dígame.
diGame

Daar spreekt u mee.
Al habla.
al abla

Ik zou graag met Maria spreken.
Querría hablar con María.
kerria ablar kon maria

Toestel nummer drie vier vijf, alstublieft.
Extensión tres cuatro cinco, por favor.
estension tres kwatro Sinko, por fabor

Wilt u zeggen dat David gebeld heeft, alstublieft?
Haga el favor de decirle que ha llamado David.
aGa el fabor de deSirle ke a ljamado dabid

Vraag hem of hij mij wil terugbellen als hij terugkomt.
Dígale que me llame cuando vuelva.
diGale ke me ljame kwando bwelba

Weet u waar hij is?
¿Sabe usted dónde está?
sabe oeste donde esta

Mijn telefoonnummer is twee, vierendertig, drieëndertig, tweeënvijftig.
Mi teléfono es el dos, treinta y cuatro, treinta y tres, cincuenta y dos.
mi telefono es el dos, trejnta i kwatro, trejnta i tres, Sinkwenta i dos

Wanneer komt hij terug?
¿Cuándo volverá?
kwando bolbera

Zou ik een boodschap kunnen achterlaten?
¿Podría dejar un recado?
podria dejar oen rekado

TELEFOON

Ik bel strak nog wel eens terug.
Volveré a llamar luego.
bolbere a ljamar lweGo

Het spijt me, ik heb een verkeerd nummer gedraaid.
Lo siento, me he equivocado de número.
lo sjento, me e ekibokado de noemero

Het spijt me, maar u bent verkeerd verbonden.
Lo siento, pero se ha equivocado de número.
lo sjento, pero se a ekibokado de noemero

HET ALFABET

a	*a*	h	*atsje*	n	*ene*	t	*te*
b	*be*	i	*i*	ñ	*enje*	u	*oe*
c	*Se*	j	*chota*	o	*o*	v	*oebe*
d	*de*	k	*ka*	p	*pe*	w	*oebe doble*
e	*e*	l	*ele*	q	*koe*	x	*ekis*
f	*efe*	ll	*elje*	r	*ere*	y	*i Gri-eGa*
g	*che*	m	*eme*	s	*ese*	z	*Seta*

TELEFOON

WAT U ZULT LEZEN

Bélgica	België
cabina telefónica	telefooncel
central telefónica	telefooncentrale
CTNE	Spaanse Nationale Telefoonmaatschappij
descolgar el aparato	de hoorn opnemen
guía telefónica	telefoongids
Holanda	Nederland
insertar monedas	geld inwerpen
interurbana	interzonaal
llamada	oproep
locutorio telefónico	telefooncentrale
marcar el número	het nummer kiezen
monedas	geldstukken
no funciona	buiten werking
número	nummer
operadora	telefoniste
páginas amarillas	gouden gids
paso (de contador)	gesprekseenheid
prefijo	zonenummer
reparaciones	reparaties
servicio a través de operadora	oproep via telefoniste
tarifa	tarief
tarjeta telefónica	telefoonkaart
urbana	zonaal

MOGELIJKE ANTWOORDEN

¿Con quién quiere que le comunique?
Met wie wilt u spreken?

TELEFOON

Se ha equivocado de número.
U bent verkeerd verbonden.

¿Quién es?
Wie spreekt er?

Al aparato/Al habla/Soy yo.
Aan het toestel/Daar spreekt u mee/Ik ben het.

Diga/Dígame.
Hallo.

¿Cuál es su teléfono?
Wat is uw telefoonnummer?

Lo siento, no está.
Het spijt me, hij is er niet.

Puede dejar un recado.
U kunt een boodschap achterlaten.

Volverá dentro de ... minutos/horas.
Hij komt over ... minuten/uren terug.

Vuelva a llamar mañana, por favor.
Belt u alstublieft morgen terug.

Le diré que le/la ha llamado usted.
Ik zal zeggen dat u hem/haar gebeld heeft.

Las líneas con Sevilla se encuentran ocupadas en este momento. Repita la llamada dentro de unos minutos.
De lijnen met Sevilla zijn op dit ogenblik bezet. Probeer het over enkele minuten opnieuw.

NOODGEVALLEN

Inlichtingen betreffende de lokale geneeskundige diensten kunt u inwinnen bij de dienst voor vreemdelingenverkeer. In een noodgeval kunt u het nummer **091** draaien van de politie, die u zal doorverbinden met de ziekenwagencentrale of de brandweer (die geen nationaal centraal nummer hebben).
Bij plots onwel worden of een ongeval, gaat u naar de **casa de socorro** (eerstehulppost) of naar **urgencias** (dienst spoedgevallen). Op de weg kunt u uitkijken naar een **puesto de socorro** (eveneens een eerstehulppost).
Als u autopech hebt, probeer dan de dichtstbijzijnde **taller** (garage voor reparaties) te bereiken. Als u die niet meer kunt bereiken, ga dan naar het dichtstbijzijnde benzinestation, waar men u wellicht kan vertellen wie u kunt bellen. Als u een reisverzekering of dergelijke heeft, vraag dan voor uw vertrek aan uw verzekeringsagent wat u ingeval van pech in Spanje kunt doen.

■ NUTTIGE WOORDEN EN ZINNEN

autopech	una avería	*aberia*
brand	un incendio	*inSendjo*
brandweer	los bomberos	*bomberos*
dief	un ladrón	*ladron*
diefstal	un robo	*robo*
een aanval hebben	agredir	*aGredir*
gewond	herido	*erido*
noodgeval	una emergencia	*emerchenSja*
ongeval	un accidente	*akSidente*
overstroming	una inundación	*inoendaSjon*
politie	la policía	*poliSia*
politiekantoor	la comisaría	*komisaria*
slepen	remolcar	*remolkar*
spoedgevallen	urgencias	*oerchenSjas*
takeldienst	servicio de grúa	*serbiSjo de Groe-a*
vuur	fuego	*fweGo*
zakkenroller	un carterista	*karterista*
ziekenwagen	una ambulancia	*amboelanSja*

NOODGEVALLEN

Help!
¡Socorro!
sok<u>o</u>rro

Pas op!
¡Cuidado!
kwid<u>a</u>do

Stop!
¡Pare!
p<u>a</u>re

Dit is een noodgeval!
¡Esto es una emergencia!
<u>e</u>sto es <u>oe</u>na emerch<u>e</u>nSja

Bel een ziekenwagen!
¡Llame una ambulancia!
lj<u>a</u>me <u>oe</u>na amboel<u>a</u>nSja

Haast u!
¡Dése prisa!
d<u>e</u>se pr<u>i</u>sa

Wilt u alstublieft een ziekenwagen sturen naar ...
Haga el favor de mandar una ambulancia a ...
<u>a</u>Ga el fab<u>o</u>r de mand<u>a</u>r <u>oe</u>na amboel<u>a</u>nSja a ...

Wilt u alstublieft komen naar ...
Haga el favor de venir a ...
<u>a</u>Ga el fab<u>o</u>r de ben<u>i</u>r a ...

Mijn adres is ...
Mi dirección es ...
mi direkSj<u>o</u>n es ...

Er werd ingebroken in ons huis.
Hemos tenido un robo en la casa.
<u>e</u>mos ten<u>i</u>do oen r<u>o</u>bo en la k<u>a</u>sa

NOODGEVALLEN

Er is brand in ...
Hay un fuego en ...
aj oen fweGo en ...

Er is een persoon gewond/aangereden.
Hay una persona herida/atropellada.
aj oena persona erida/atropeljada

Hij is bewusteloos.
Ha perdido el conocimiento.
a perdido el konoSimjento

Mijn paspoort/auto is gestolen.
Me han robado el pasaporte/el coche.
me an robado el pasaporte/el kotsje

Ik ben mijn reischeques verloren.
He perdido mis cheques de viaje.
e perdido mis tsjekes en biache

Ik wil een gestolen creditcard aangeven.
Quiero denunciar el robo de una tarjeta de crédito.
kjero denoenSjar el robo de oena tarcheta de kredito

Het werd uit mijn kamer gestolen.
Lo robaron de mi habitación.
lo robaron de mi abitaSjon

Ik ben het verloren in ...
Lo perdí en ...
lo perdi en ...

Mijn bagage is kwijt.
Mi equipaje se ha perdido.
mi ekipache se a perdido

Is mijn bagage al gevonden?
¿Ha aparecido ya mi equipaje?
a apareSido ja mi ekipache

NOODGEVALLEN

Ik heb een ongeval gehad.
He tenido un accidente.
e tenido oen akSidente

Mijn wagen werd geforceerd.
Me han forzado el coche.
me an forSado el kotsje

Mijn nummerplaat is ...
El número de matrícula es el ...
el noemero de matrikoela es el ...

Ik werd overvallen.
Me han atacado.
me an atakado

Mijn zoon is verdwaald.
Mi hijo se ha perdido.
mi icho se a perdido

Hij is blond/bruin.
Tiene el pelo rubio/moreno.
tjene el pelo roebjo/moreno

Hij is ... jaar.
Tiene ... años.
tjene ... anjos

Ik heb mijn sleutel thuis/in de kamer/in de auto laten liggen.
Me he dejado la llave dentro de la casa/habitación/del coche.
me e dechado la ljabe dentro de la kasa/habitaSjon/del kotsje

Hij is aan het verdrinken.
Se está ahogando.
se esta ahoGando

Hij kan niet zwemmen.
No sabe nadar.
no sabe nadar

NOODGEVALLEN

WAT U ZULT LEZEN

abierto las 24 horas del día	24 van de 24 uur open
botiquín	verbanddoos
casa de socorro	eerstehulpcentrum
comisaría	politiekantoor
farmacia de guardia	apotheek van dienst
fuego	vuur, brand
guardia civil de tráfico	verkeerspolitie
marque ...	bel ...
policía	politie
primeros auxilios	eerstehulppost
puesto de socorro	eerstehulppost
servicios de rescate	reddingsdienst in de bergen
socorrista	hulpverlener
taller (de reparaciones)	garage (voor herstellingen)
urgencias	spoedgevallen

WAT U ZULT HOREN

¿Cuál es su dirección?
Wat is uw adres?

¿Dónde se encuentra usted ahora?
Waar bevindt u zich nu?

¿Puede describirlo/describirla?
Kunt u het, hem/haar beschrijven?

MEDISCHE VERZORGING

Vraag voor uw vertrek aan uw ziekenfonds de nodige formulieren (o.a. E111!) om ook in Spanje te kunnen genieten van uw ziekteverzekering. Medicijnen worden in Spanje alleen in de apotheek – **farmacia** – verkocht. De **farmacias** zijn gewoonlijk open van 9 tot 13 uur en van 16 tot 20 uur. Is de apotheek gesloten, dan zult u via een berichtje op de deur het adres kunnen lezen van de **farmacia de guardia** (apotheek van dienst). (Lees ook het hoofdstuk over Noodgevallen, blz. 108)

amandelen *(keel)*	las amígdalas	am<u>i</u>Gdalas
anemisch *(bloedarm)*	anémico	an<u>e</u>miko
apotheek	la farmacia	farm<u>a</u>Sja
aspirine	una aspirina	aspir<u>i</u>na
astma	asma	<u>a</u>sma
beet *(door hond)*	una mordedura	morded<u>oe</u>ra
beet *(door insect)*	una picadura	pikad<u>oe</u>ra
blaar	una ampolla	amp<u>o</u>lja
blaas	la vejiga	bech<u>i</u>Ga
blindedarm	el apéndice	ap<u>e</u>ndiSe
blindedarm-ontsteking	una apendicitis	apendiS<u>i</u>tis
bloed	la sangre	s<u>a</u>nGre
bloeddonor	un donante de sangre	don<u>a</u>nte de s<u>a</u>nGre
bloeding	una hemorragia	emorr<u>a</u>chja
bof	las paperas	pap<u>e</u>ras
borst(kas)	el pecho	p<u>e</u>tsjo
braken	vomitar	bomit<u>a</u>r
brandwond	una quemadura	kemad<u>oe</u>ra
breuk	una fractura	frakt<u>oe</u>ra
bril	las gafas	G<u>a</u>fas
buikloop	una diarrea	diarr<u>e</u>a
buil	un bulto	b<u>oe</u>lto
constipatie	estreñimiento	estrenjimj<u>e</u>nto
contactlenzen	las lentes de contacto	l<u>e</u>ntes de kont<u>a</u>kto
dokter	el médico	m<u>e</u>diko
duizelig	mareado	mare<u>a</u>do
eelt	un callo	k<u>a</u>ljo
eerste hulp	primeros auxilios	prim<u>e</u>ros auksiljos

113

MEDISCHE VERZORGING

gipsverband	la escayola	*eskajola*
griep	la gripe	*Gripe*
hart	el corazón	*koraSon*
hartaanval	un infarto	*infarto*
hoest	la tos	*tos*
hoofdpijn	un dolor de cabeza	*dolor de kabeSa*
hooikoorts	la fiebre del heno	*fjebre del eno*
indigestie	una indigestión	*indichestjon*
injectie	una inyección	*injekSjon*
jeuk	un picor	*pikor*
kanker	el cáncer	*kanSer*
keelpijn	un dolor de garganta	*dolor de GarGanta*
kiespijn	un dolor de muelas	*dolor de mwelas*
kinkhoest	la tosferina	*tosferina*
klieren	las paperas	*paperas*
koorts	la fiebre	*fjebre*
longontsteking	una neumonía	*ne-oemonia*
maag	el estómago	*estomaGo*
mazelen	el sarampión	*sarampjon*
migraine	una jaqueca	*chakeka*
misselijkheid	náuseas	*nauseas*
nier	el riñón	*rinjon*
ongeval	un accidente	*akSidente*
oogarts	el oculista	*okoelista*
oorpijn	un dolor de oídos	*dolor de o-idos*
operatie	una operación	*operasjon*
penicilline	la penicilina	*peniSilina*
pijn	un dolor	*dolor*
pleister	una tirita	*tirita*
pokken	la viruela	*biroe-ela*
reisziekte	mareo	*mareo*
reuma	el reúma	*re-oema*
rodehond	la rubeola	*roebeola*
rugpijn	un dolor de espalda	*dolor de espalda*
schram	un arañazo	*aranjaSo*
schudding, schok	una conmoción	*konmoSjon*
snijwonde	una cortadura	*kortadoera*

MEDISCHE VERZORGING

splinter	una astilla	*astilja*
steek *(insect)*	una picadura	*pikadoera*
suikerziekte	la diabetes	*diabetes*
tandarts	el dentista	*dentista*
vaccinatie	la vacunación	*bakoenaSjon*
verband	el vendaje	*bendache*
verkoudheid	un resfriado	*resfriado*
verpleegster	la enfermera	*enfermera*
verpleger	el ATS	*el ate-ese*
verstuiking	una torcedura	*torSedoera*
voorschrift	una receta	*reSeta*
vulling	un empaste	*empaste*
waterpokken	la varicela	*bariSela*
ziek	enfermo	*enfermo*
ziekenhuis	el hospital	*ospital*
ziekenwagen	una ambulancia	*amboelanSja*
zwanger	embarazada	*embaraSada*
zweer *(etterwonde)*	úlcera	*oelSera*

Ik heb pijn aan .../Mijn ... doet pijn.
Me duele ...
me dwele

Ik voel me niet goed.
No me encuentro bien.
no me enkwentro bjen

Ik voel me zwakjes.
Me encuentro débil.
Me enkwentro debil

Ik voel me misselijk.
Tengo náuseas.
tenGo nawseas

MEDISCHE VERZORGING

Ik ben zeeziek.
Estoy mareado.
estoj mareado

Ik heb hier pijn.
Me duele aquí.
me dwele aki

Het is een scherpe pijn.
Es un dolor agudo.
es oen dolor aGoedo

Het is een doffe pijn.
Es un dolor sordo.
es oen dolor sordo

Het is een constante pijn.
Es un dolor constante.
es oen dolor konstante

Het doet maar af en toe pijn.
Sólo me duele a ratos.
solo me dwele a ratos

Het doet pijn als je eraan komt.
Me duele al tocarlo.
me dwele al tokarlo

's Nachts doet het meer pijn.
Me duele más por la noche.
me dwele mas por la notsje

Het prikt/het jeukt.
Me escuece/Me pica.
me eskweSe/me pika

Het doet pijn.
Me duele.
me dwele

MEDISCHE VERZORGING

Ik heb koorts.
Tengo fiebre.
tenGo fjebre

Ik heb een voorschrift nodig voor ...
Necesito una receta para ...
neSesito oena reSeta para ...

Gewoonlijk neem ik ...
Normalmente tomo ...
normalmente tomo ...

Ik ben allergisch voor ...
Soy alérgico a ...
soj alerchiko a ...

Hebt u iets tegen ...
¿Tiene usted algo para ...?
tjene oeste alGo para ...

Is er een recept nodig voor ...?
¿Hace falta receta para ...?
aSe falta reSeta para ...

Ik heb een vulling verloren.
Se me ha caído un empaste.
se me a ka-ido oen empaste

Zal het gaan met hem/haar/u?
¿Estará bien?
estara bjen

Moet hij worden geopereerd?
¿Va a necesitar una operación?
ba a neSesitar oena operaSjon

Hoe gaat het met hem/haar/u?
¿Cómo está?
komo esta

MEDISCHE VERZORGING

WAT U ZULT LEZEN

análisis clínicos	klinische analyse
casa de socorro	eerstehulpcentrum
clínica dental	tandkliniek
consulta	consultatie
farmacia de guardia	apotheek van dienst
ginecólogo	gynaecoloog
médico	arts
médico general	dokter in de algemene geneeskunde
oculista	oogarts
otorrinolaringólogo	oor-, neus- en keelspecialist
pediatra	kinderarts
primeros auxilios	eerste hulp
sala de espera	wachtzaal
test del embarazo	zwangerschapstest
tomamos la tensión	we zullen uw bloeddruk meten
urgencias	spoedgevallen

WAT U ZULT HOREN

Tome usted ... comprimidos/pastillas cada vez.
Neem elke keer ... tabletjes/pillen.

Con agua
Met water

Mastíquelos.
Knabbel erop.

Una vez/dos veces/tres veces al día
Eén/twee/drie keer per dag

Al acostarse
Voor het slapengaan

MEDISCHE VERZORGING

¿Qué toma normalmente?
Wat neemt u gewoonlijk?

Debería consultar a un médico.
U zou naar de dokter moeten.

Lo siento, no lo tenemos.
Het spijt me, dat hebben we niet.

Hace falta una receta médica para eso.
Daarvoor hebt u een doktersrecept nodig.

WOORDENBOEK

Waar in het Spaans twee vormen van het naamwoord of voornaamwoord gegeven worden, is de eerste mannelijk en de tweede vrouwelijk (bijvoorbeeld: **zij** ellos/ellas).
Het werkwoord 'zijn' heeft twee vertalingen in het Spaans: 'ser' wordt gebruikt om een permanente toestand uit te drukken, zoals een nationaliteit of een beroep, en 'estar' voor een tijdelijke. Beide vormen komen hier voor.

aangenaam agradable
aangetekende zending el certificado
aanhangwagen el remolque
aankomen llegar
  we zijn vorige week aangekomen llegamos la semana pasada
aankoop la compra
aanraken tocar
aanschuiven *(in winkel)* hacer cola
aansteker el encendedor
aantrekkelijk *(aanbieding)* atractivo
aardappel la patata
aardbeien las fresas
aarde la tierra
aarden kom el cuenco
abrikoos el albaricoque
achter ... detrás de ...
achterzijde la parte de atrás
adaptor el adaptador
ademen respirar
adres la dirección
af en toe de vez en cuando
afsluitdop el tapón
afspraak la cita
aftershave el after-shave
afvoerbuizen la tubería
agenda la agenda
agent el agente
aids el Sida

airconditioning el aire acondicionado
alcohol el alcohol
algemeen en general
Algerije Algeria
alle todos
  alle straten todas las calles
alleen *(bv.nw.)* solo
alleen *(slechts)* sólo
alleenstaand soltero
alles todo
alstublieft por favor
altijd siempre
ambassade la embajada
Amerika América
Amerikaan el americano
Amerikaans americano
Amerikaanse la americana
ananas la piña
ander, andere otro
  de andere el otro, la otra
  een andere keer otra vez
  op een of andere manier de algún modo
ansichtkaart la postal
antivriesmiddel el anticongelante
aperitief el aperitivo
apotheek la farmacia
appartement el apartamento, el piso
appel la manzana

WOORDENBOEK

arena la plaza de toros
arm *(z. nw.)* el brazo
arm *(bv. nw.)* pobre
armband la pulsera
as el eje
asbak el cenicero
asperine la aspirina
Atlantische Oceaan el océano Atlántico
Australië Australia
Australiër el australiano
Australisch australiano
Australische la australiana
auto el coche
autobus el autobús
automatisch automático
avondmaal la cena
azijn el vinagre

baan la carretera
baard la barba
baby el niño pequeño, el bebé
bad el baño
  een bad nemen tomar un baño
badkamer el cuarto de baño
badpak el bañador, el traje de baño
bagage el equipaje
bagagerek la rejilla de equipajes
bakken freír
bakkerij la panadería
bal el balón, la pelota
Balearen las (Islas) Baleares
balkon el balcón
banaan el plátano
band *(auto, fiets)* el neumático
band *(muziek)* la banda
bandage la venda
bank el banco
bankbiljet el billete de banco
bankkaart la tarjeta de banco

bar el bar
barbecue la barbacoa
batterij *(auto)* la batería
batterij *(bv. radio)* la pila
bed la cama
bedanken agradecer
bedankt gracias
beek el arroyo
been *(bot)* el hueso
been *(lichaamsdeel)* la pierna
beet *(hond)* la mordedura
beet *(insect)* la picadura
beetje, een un poquito
  een klein beetje maar sólo un poquito
begin el principio
beginneling un/una principiante
beginnen empezar
begraafplaats el cementerio
begrijpen comprender
  ik begrijp het niet no comprendo
beha el sostén
beheerder el/la gerente
beide los dos
  wij twee los dos
beige beis
bel *(deur)* el timbre
Belg el belga
België Bélgica
Belgisch belga
Belgische la belga
benedenverdieping la planta baja
benzine la gasolina
benzinestation la gasolinera
berg el monte
beschermingsfactor el factor de protección
beste (de) (el) mejor
bestuurder el conductor
betalen pagar

WOORDENBOEK

beter mejor
bewegen mover
beweeg niet! ¡no se mueva!
bezet ocupado
bezienswaardigheden los lugares de interés turístico…
bezig ocupado
bezoek la visita
bezoeken visitar
bezoeker/bezoekster el/la visitante
bibliotheek la biblioteca
bier la cerveza
bij *(vz.)*
  bij het raam junto a la ventana
  bij u thuis en su casa
bijl el hacha
bijna casi
bijten morder
bijvoorbeeld por ejemplo
biljet el billete
(binnen)hoek el rincón
biscuit el bizcocho
bitter amargo
blad la hoja
bladzijde la página
blauw azul
bleek pálido
bleekwater la lejía
blik *(conserve)* la lata
blik *(materiaal)* la hojalata
blikopener el abrelatas
blind ciego
bloed la sangre
bloem *(in de keuken)* la harina
bloem *(van plant)* la flor
bloemkool la coliflor
blond rubio
blouse la blusa
bodem el suelo, el fondo
boek el libro

boekwinkel la librería
boer el granjero
boerderij la granja
bonen las judías
boodschap el recado
boom el árbol
boord el borde
boot el barco
boot *(kleine)* la barca
bord el plato
borduurwerk el bordado
borstel *(haar)* el cepillo (del pelo)
borstel *(om te verven)* la brocha
borstel *(schoonmaken)* el cepillo
borstelen *(haar)* cepillar el pelo
borstkas el pecho
bos el bosque
boter la mantequilla
boven arriba
boven … encima de …
braadpan la sartén
braambessen las moras
braken devolver
brand el incendio
(brand)blaar una ampolla
brandblusapparaat el extintor
brandwond la quemadura
breed ancho
  drie meter breed de tres metros de anchura
breien hacer punto
breiwaren artículos de punto
bretellen los tirantes
bridge *(kaartspel)* el bridge
brief la carta
briefomslag el sobre
brievenbus *(aan het postkantoor)* el buzón
brievenbus *(van woning)* la cartera
bril la gafas

WOORDENBOEK

broche el broche
broek los pantalones
broekzak el bolsillo
broer el hermano
brood el pan
broodje el bollo
broodje *(belegd)* el bocadillo
brug el puente
bruin marrón
bruinen broncearse, tomar el sol
  gebruind bronceado
bruinharig moreno, castaño
bruisend *(water)* con gas
buggy *(opvouwbare wandelwagen)*
  la sillita de ruedas
buikloop la diarrea
buiten fuera
(buiten)hoek la esquina
buitenland(er) el extranjero
buitenlandse la extranjera
bumper el parachoques
bureau el despacho
bureau voor verloren voorwerpen
  la oficina de objetos perdidos
busstation la estación de autobuses

camping el camping
Canarische Eilanden las (Islas) Canarias
caravan la caravana
carburator el carburador
cassette la cinta
cassettespeler grabador de cinta
castagnetten unas castañuelas
Castiliaans castellano
Castilië Castilla
Catalonië Cataluña
centrale verwarming la calefacción central
centrum el centro (urbano)

check-in (el mostrador de) facturación
cheque el cheque
chequeboek el talonario de cheques
chocolade el chocolate
chocoladereep una tableta de chocolate
citroen el limón
cognac el coñac
compactdisc el disco compacto
compartiment el compartimento
computer el ordenador
concert el concierto
conciërge el conserje
condoom el condón
conducteur *(bus)* el cobrador
consulaat el consulado
contactlenzen las lentes de contacto
contant betalen pagar al contado
cosmetische producten los productos cosméticos
creditcard la tarjeta de crédito
cruise el crucero
curry el curry

dag el día
dak el tejado
dame la señora
damestoiletten los servicios de señoras
dank u wel gracias
  geen dank no hay de qué
dans el baile
dansen bailar
das *(kleding)* la corbata
dat eso
  wat is dat? ¿qué es eso?
  dat is alles eso es todo
  ik denk dat ... creo que ...

WOORDENBOEK

de (het) el/la; *(mv)* los/las
deken la manta
demi-sec *(wijn)* semi-seco
denken pensar
  ik denk van wel creo que sí
  ik zal erover denken lo pensaré
deodorant el desodorante
derde tercero
deur la puerta
deurkruk el picaporte
deze *(bijv.)(enk.)* este, esta; *(mv.)* estos, estas
(zelfst.)(enk.) éste, ésta; *(mv.)* éstos, éstas
  deze mannen estos hombres
  deze vrouwen estas mujeres
  deze zijn van mij éstos son míos
dezelfde, hetzelfde *(bijv.)* mismo(s), misma(s)
(zelfst.) el mismo, los mismos; la misma, las mismas
  dezelfde mensen la misma gente
  nogmaals hetzelfde, alstublieft lo mismo otra vez, por favor
diamanten los diamantes
dichtbij cerca
die, dit, deze *(bijv.)(enk.)* ese/esa, *(mv.)* esos/esas
(zelfst.)(enk.) ése/ésa, *(mv.)* ésos/ésas
  die man ese hombre
  die vrouw esa mujer
  dit is mijnheer... éste es el señor ...
  die autobus ese autobús
  zoals deze como éste
dief el ladrón
dienblad la bandeja
dienen, dienst doen servir
  dat dient tot niets no sirve de nada

dienstmeisje la camarera
diep profundo
diepvriezer el congelador
diesel diesel
dik gordo, grueso
directeur, orkestleider el director
directrice la directora
discotheek la discoteca
dochter la hija
document el documento
doen hacer
dokter *(mannelijk)* el médico
dokter *(vrouwelijk)* la médica
dom estúpido
donkerblauw azul oscuro
donsdeken el edredón
dood muerto
doof sordo
door por
doorgang el pasillo
doos pralines una caja de bombones
dop el tapón
dorp el pueblo
douane la aduana
douche la ducha
dragen traer, llevar
drank la bebida
dringend urgente
drinkbaar water agua potable
drinken beber
  wilt u iets drinken? ¿quiere beber algo?
droevig triste
dronken borracho
droog seco
droom el sueño
druiven las uvas
drukbezocht concurrido
duimspijker la chincheta

WOORDENBOEK

duinen la dunas
duister oscuro
Duits(er) (el) alemán
Duitse la alemana
Duitsland Alemania
dus entonces
duur caro
duwen empujar

echtgenoot el marido
echtgenote la esposa
een un/una *(zie blz. 5)*
één uno
eenpersoonskamer la habitación individual
eenvoudig sencillo
eerlijk sincero, honrado
eerst primero
eerste verdieping el primer piso
eerste hulp primeros auxilios
eetkamer el comedor
eetlust el apetito
eetmaal el comida
ei el huevo
eierdopje la huevera
eiland la isla
einde el final
eindelijk! ¡por fin!
elastiekje elástico
elders en otro sitio
elektriciteit la electricidad
elektrisch eléctrico/a
elk cada
  3 euro elk tres euros cada uno
elke dag todos los días, cada día
elleboog el codo
emmer el cubo
en y; *(voor een woord beginnend met 'i' of 'hi':)* e
en wat nu? ¿y ahora qué?

Engelse sleutel la llave inglesa
enig único
enkel *(z. nw.)* el tobillo
er is/zijn hay ... **is/zijn er ...?** ¿hay ...?
ergens en alguna parte
ernstig serio
erwten los guisantes
eten comer
etiket la etiqueta
EU la Unión Europea
evident evidente
excellent excelente
excursie la excursión
excuseer
  (het spijt me) perdón/lo siento
  (om iemands aandacht te vragen) ¡oiga, por favor!
  (bv. bij niezen) ¡perdón!
  (verzoek om doorgelaten te worden) ¿me hace el favor?

familie la familia
familienaam el apellido
fan *(liefhebber)* el hincha
fantastisch fantástico
fax el fax
faxen enviar por fax
feest la fiesta
fiets la bicicleta
fijn fino
film la película
filter el filtro
flash el flash
flauwvallen desmayarse
fles la botella
flesopener el abrebotellas
fluit la flauta
folder el folleto

WOORDENBOEK

folkmuziek la música folklórica
fooi la propina
fopspeen el chupete
foto la foto(grafía)
fotograaf el fotógrafo
fotograferen fotografiar
fototoestel la máquina de fotos
framboos la frambuesa
frank franco
Frankrijk Francia
Frans francés
friet las patatas fritas
frisdranken los refrescos
fruit la fruta
fruitsap el zumo de frutas

gaan ir
  gaan wandelen ir de paseo
  gaan vissen ir a pescar
gaatje *(lekke band)* el pinchazo
gang el pasillo
garage *(herstelatelier)* el taller
garage *(parking)* el garaje
garanderen garantizar
garantie la garantía
garnalen las gambas
gaspedaal el acelerador
gate *(op luchthaven)* la puerta de embarque
gebakken eieren met ham huevos fritos con jamón
gebergte la montaña
gebouw el edificio
gebruik el uso
gebruiken usar
geel amarillo
gefeliciteerd ¡enhorabuena!, ¡felicidades!
gegolfd *(haar)* ondulado
gehoor el oído

gehuwd casado
gek loco
gel el gel
geld el dinero
geld ontvangen cobrar
geldautomaat el cajero automático
geldbeugel el monedero
geldstuk la moneda
geliefd querido
geliefde el/la amante
geluk la suerte
  veel geluk! ¡suerte!
gelukkig contento
gember el jengibre
geneeskunde la medicina
genoeg bastante
gescheiden divorciado, separado
geschenk el regalo
geschenkpapier el papel de regalo
geschiedenis la historia
geschreven door escrito por ...
getijde la marea
gevaarlijk peligroso
geven dar
  geef het aan mij! démelo
  geeft u me ...? ¿me da ...?
gevogelte las aves
geweer la escopeta
gezicht la cara
gezondheid! ¡salud!
Gibraltar Gibraltar
gids *(boek)* la guía turística
gids *(persoon)* el/la guía
ginds allí
gisteren ayer
gitaar la guitarra
glanzende foto's las copias con brillo
glas *(beker)* el vaso
glas *(materiaal)* el cristal

WOORDENBOEK

glimlach la sonrisa
glimlachen sonreír
godsdienst la religión
goed *(adj.)* bueno
goed *(bw.)* ¡bien!
goedkoop barato
golf la ola
Golf van Biskaje el Golfo de Vizcaya
gom la goma (de borrar)
gordijn la cortina
goud el oro
grap el chiste
gras la hierba
gratis gratis
grendel el cerrojo
grens la frontera
grijs gris
gril la parrilla
groen verde
groente la verdura
groep el grupo
grondwet la constitución
grondzeil la lona impermeable
groot *(persoon)* alto
groot *(voorwerp)* grande
Groot-Brittannië Gran Bretaña
grootmoeder la abuela
grootouders los abuelos
grootvader el abuelo
grootwarenhuis el gran almacén
grot la cueva
gunst el favor

haar *(z. nw.)* el pelo
haar *(bez. vnw.)* su *(enk.)*, sus *(mv.)*
  het is voor haar es para ella
  haar boek su libro
  haar schoenen sus (zapatos)
haardroger el secador (de pelo)
haarlak la laca

haarlok los rulos
haarsnit el corte de pelo
haarspoeling el acondicionador
hak *(schoen)* el tacón
half medio
half pension media pensión
halfuur media hora
halfzachte lenzen las lentes de contacto semi-rígidas
hallo hola
hallo *(aan de telefoon)* dígame
hals el cuello
halssnoer el collar
halte *(bus)* la parada
ham el jamón
hamburger la hamburguesa
hamer el martillo
hand la mano
handdoek la toalla
handrem el freno de mano
handschoenen los guantes
handtas el bolso
hangslot el candado
hard duro
  harde lenzen las lentes de contacto duras
hare, het is het/de es suyo
hart el corazón
harten *(kaartspel)* corazones
haven el puerto
hebben tener
  ik heb geen ... no tengo ...
  hebt u ...? ¿tiene ...?
hechtpleister la tirita
heel muy
helemaal completamente
helpen ayudar
hemd la camisa
hemel el cielo
hen, het is voor hen es para

WOORDENBOEK

ellos/ellas
geef het hen déselo
herberg la fonda
herentoiletten los servicios de caballeros
herinnering el recuerdo
het el/la/lo
  het is als ... es como ...
  het is een beetje te groot es un poco grande
  het is mijn beurt me toca a mí
  het is niet belangrijk no importa
  het is niet rechtvaardig no hay derecho
  het is van mij es mío
  het is voor mij es para mí
  het is waar es verdad
  het wordt laat se está haciendo tarde
hiel el talón
hij él
  hij is er niet no está
  hij is net aangekomen acaba de llegar
  hij slaapt está dormido
hinderlijk *(lastig)* embarazoso
hobby el hobby
hoe? ¿cómo?, ¿qué?
  hoe gaat het? ¿qué tal?
  hoe heet u? ¿cómo se llama usted?
  hoe laat is het? ¿qué horas es?
  hoe zegt u? ¿cómo dice?
hoest la tos
hoesten toser
hond el perro
honing la miel
hoofd la cabeza
hoofddoek el pañuelo
hoofdpijn el dolor de cabeza

hoog alto
hooikoorts la fiebre del heno
hoorn el cuerno
hopen esperar
horen oír
horloge el reloj
hout la madera
hovercraft el aerodeslizador
huis la casa
huishoudfolie el plástico para envolver
hulp la ayuda
huren alquilar
huwelijk la boda
huwelijksreis el viaje de novios

iemand alguien
  iemand anders otra persona
Ierland Irlanda
Ier el irlandés
Iers irlandés
Ierse la irlandesa
iets algo
  iets anders otra cosa
  iets meer algo más
ijs el hielo
ijs *(voor consumptie)* el helado
ijsschaatsen los patines para hielo
ijzer el hierro
ijzerwinkel la ferretería
ik yo
  ik alleen yo solo
  ik begrijp comprendo
  ik ben soy/estoy
  ik ben geboren in ... nací en ...
  ik ben gek op Spanje me encanta España
  ik ben het soy yo
  ik ben van ... soy de ...
  ik heb dorst tengo sed

WOORDENBOEK

ik heb geen geld no tengo dinero
ik heb honger tengo hambre
ik heb haast tengo prisa
ik heb het warm tengo calor
ik heb zin in ... me apetece ...
ik herinner me recuerdo/me acuerdo de
ik herinner het me niet no recuerdo/no me acuerdo
ik hou van me gusta
ik hou van zwemmen me gusta nadar
ik moet ... tengo que ...
ik moet verdergaan tengo que irme
ik voel me niet goed no me encuentro bien
in ... en ...
   in Barcelona en Barcelona
   in de oven bakken cocer al horno
   in het centrum en el centro
   in het Engels en inglés
   in het hotel en el hotel
   in het postkantoor en Correos
indien si
ingang la entrada
ingewikkeld complicado
inhalen adelantar
injectie la inyección
inkt la tinta
inktvis el pulpo
inlichtingen la información
inpakpapier el papel de envolver
insect el insecto
instappen *(trein)* subir
interessant interesante
is es/está
   is het ver? ¿está lejos?
Italiaan el italiano
Italiaanse la italiana
Italiaans italiano
Italië Italia

ja sí
jaar el año
jam la mermelada
jas el abrigo, la chaqueta
jazz el jazz
jeansbroek los tejanos, los vaqueros
jenever la ginebra
jeugdherberg el albergue juvenil
jij tú
joggen hacer footing
jongen el chico
jouw *(enk.)* tu, *(mv.)* tus
   jouw schoenen tus zapatos
   is dit van jou? ¿es tuyo esto?
juffrouw señorita
juist ajustado, correcto
jurk la falda
juwelier la joyería

kaart la tarjeta
kaart *(plan)* el mapa
kaartspel la baraja
kaas el queso
kabellift el teleférico
kachel la estufa
kade el muelle
kakkerlak la cucaracha
kalfsvlees la carne de ternera
kam el peine
kamer la habitación
   vrije kamers habitaciones libres
kammen peinar
kanaal el canal
kannetje la jarrita
kant el encaje
kantoor la oficina

WOORDENBOEK

kapsalon *(dames)* la peluquería
kapsalon *(heren)* la peluquería de caballeros/la barbería
kassa la caja
kast el armario
kasteel el castillo
kat el gato
kater *(na te veel drinken)* la resaca
kathedraal la catedral
katholiek católico
katoen el algodón
kauwgom el chicle
keel la garganta
kelder el sótano
kelner el camarero
kennen conocer
kerk la iglesia
kermis la feria
kers la cereza
keuken la cocina
keukengerei los utensilios de cocina
keukenhanddoek el paño de cocina
kies la muela
kiespijn el dolor de muelas
kijken mirar
kilo el kilo
kilometer el kilómetro
kind el niño, la niña
kinderen los niños
kinderwagen el cochecito
kip *(als gerecht)* el pollo, *(op de boederij)* la gallina
klaar listo
klas la clase
klassieke muziek la música clásica
klaveren *(kaartspel)* tréboles
kleding la ropa
kledingstuk el vestido
kleerhanger la percha
klein pequeño

klein *(lengte v.e. persoon)* bajo
kleindochter la nieta
kleinzoon el nieto
klep la válvula
kleur el color
kleurenfilm la película en color
klok *(kerk)* la campana
knap guapo
kneuzing, blauwe plek el cardenal
knie la rodilla
knoop el botón
knopen atar
koekje la galleta
koelkast el frigorífico
koffer la maleta
kofferruimte el maletero
koffie el café
kogelpen el bolígrafo
kok el cocinero
koken *(van water)* hervir
koken *(voedsel bereiden)* cocinar
koken *(van groente)* cocer
kokkin la cocinera
komen venir
  kom hier! ¡venga aquí
komkommer el pepino
koopje la ganga
koord la cuerda
koorts la fiebre
kop la taza
kopen comprar
koptelefoon el audífono
kort corto
korting las rebajas
kosten costar
  hoeveel kost dit? ¿cuánto cuesta?
kotelet la chuleta
koud frío
  ik heb het kou tengo frío
kousen las medias

WOORDENBOEK

kraan el grifo
kramp el calambre
krant el periódico
krantenkiosk el kiosko de periódicos
krediet el crédito
kreeft el cangrejo, la langosta
kruidenierswinkel la tienda de comestibles
krukken la muletas
krullen los rizos
kunnen poder
   kunt u ...? ¿puede ...?
   ik kan niet ... no puedo ...
kunst el arte
kunstenaar el/la artista
kunstgalerij la galería de arte
kunstgebit la dentadura postiza
kurk el corcho
kurkentrekker el sacacorchos
kwal la medusa
kwaliteit la calidad

laag bajo
laars, hoge schoen la bota
laatste último
lachen reír
ladenkast la cómoda
laken la sábana
lam el cordero
lamp la lámpara
lamp *(gloeilamp)* la bombilla
land el país
landen aterrizar
lang largo
lantaarn la linterna
later más tarde
lawaaierig ruidoso
laxeermiddel el laxante
leder el cuero

leeg vacío
leeslamp el flexo
lengte la longitud
lens la lente
lente la primavera
lepeltje la cuchara
leraar el profesor
lerares la profesora
leren aprender
les la clase
letter la letra
leuk divertido
leven le vida
lever el hígado
lezen leer
lichaam el cuerpo
licht *(z. nw.)* la luz
licht *(niet duister)* claro
licht *(niet zwaar)* ligero
   lichte maaltijd la comida ligera
lichtmeter el fotómetro
lied la canción
liefde el amor
liefhebben querer
lift el ascensor
   kunt u mij een lift geven? ¿me podría llevar en su coche?
liften hacer auto-stop
ligstoel la tumbona
lijm el pegamento, la col
lijst la lista
likeur el licor
limoen la lima
limonade la limonada
links izquierdo
lippenstift la barra de labios
lippenzalf la crema labial
liter el litro
living el cuarto de estar
logies el alojamiento

WOORDENBOEK

lokaas el cebo
loket la taquilla
lolly el chupa-chups
loodvrij sin plomo
look el ajo
looppiste la pista
lopen correr
lotion la crema
lucht el aire
luchthaven el aeropuerto
luchthavenbus el autobús del aeropuerto
luchtvaartmaatschappij la compañía aérea
lucifer la cerilla
lui perezoso
luier el pañal
luik *(raam)* el postigo

maag el estómago
maagpijn el dolor de estómago
maan la luna
maand el mes
maandverband las compresas
maar pero
maken hacer
make-up el maquillaje
makkelijk fácil
Mallorca Mallorca
mama mamá
man el hombre
manchetknopen los gemelos
mand el cesto
mandarijn la mandarina
margarine la margarina
markt el mercado
marmer el mármol
Marokko Marruecos
mascara el rímel
matras el colchón

maximale snelheid el límite de velocidad
mecanicien el mecánico
medium *(sherry)* amontillado
meer *(plus)* más
meer dan ... más de ...
meer *(water)* el lago
meisje la chica
melk la leche
meloen el melón
mensen la gente
menu (van de dag) el menú (del día)
menukaart la carta
mes el cuchillo
met con
metro el metro
meubels los muebles
mevrouw Señora
middag mediodía
Middellandse Zee el Mar Mediterráneo
middernacht medianoche
mijn *(enk.)* mi, *(mv.)* mis
  mijn boek mi libro
  mijn sleutels mis llaves
mijnheer Señor
minder menos
mindervalide minusválido
mineraalwater el agua mineral
minuut el minuto
mis *(kerk)* la misa
misschien quizás
misselijk, ik voel me tengo náuseas
mode la moda
moe cansado
moeder la madre
moeilijk difícil
mogelijk posible
mond la boca
monument el monumento

WOORDENBOEK

mooi bonito
mooi *(persoon)* guapo
mooi *(voorwerp)* bonito
mop la broma
morgen mañana
  's morgens por la mañana
mosselen los mejillones
mosterd la mostaza
motor el motor
motorboot la motora
motorfiets la motocicleta
motorkap el capó
mountainbike la bicicleta de montaña
mozaïek el mosaico
mug el mosquito
muggenmelk la loción antimosquitos
muis el ratón
muntje las pastillas de menta
museum el museo
muts el gorro
muur el muro
muziek la música
muziekinstrument el instrumento musical
muzikant el músico

na después de ...
naaien coser
naald la aguja
naam el nombre
naar a, hacia
  naar België a Bélgica
  naar het station a la estación
  naar de dokter al médico
  naar beneden hacia abajo
  naar beneden gaan bajar
  naar boven hacia arriba
  naar boven gaan subir

naast ... al lado de ...
  naast de deur junto a la puerta
nabij Madrid cerca de Madrid
nacht la noche
  's nachts por la noche
nachtkleding la ropa de cama
nachtkleed el camisón
nachtlampje la lamparilla de noche
nachtwaker el vigilante nocturno
nadien después
nagel *(spijker)* el clavo
nagel *(vinger)* la uña
nagelknipper el cortauñas
nagellak el esmalte de uñas
nagelvijl la lima de uñas
namiddag la tarde
nat mojado
natuurlijk *(uiteraard)* claro
natuurlijk *(zuiver)* natural
Nederland Holanda
Nederlander el holandés
Nederlands holandés, holandesa
Nederlandse la holandesa
neef *(zoon van oom of tanta)* el primo
neef *(zegt oom of tante)* el sobrino
neen no
negatief el negativo
nek *(van dier)* el collar
nemen tomar, coger
  de trein nemen coger el tren
  om mee te nemen para llevar
nergens en ningún sitio, en ninguna parte
neus la nariz
nevel la niebla
nicht *(dochter van oom of tanta)* la prima
nicht *(zegt oom of tante)* la sobrina
niemand nadie
  niemand van hen ninguno de ellos

WOORDENBOEK

nier el riñón
niet no
  hij is er niet no es/está ...
  niet veel no mucho(s)
nietmachine la grapadora
niets nada
nieuw nuevo
Nieuw-Zeeland Nueva Zelanda
nieuwsberichten las noticias
noch ... noch ... ni... ni...
nodig necesario
nodig hebben necesitar
  ik heb ... nodig necesito ...
nodig zijn hacer falta
  het is niet nodig no hace falta
nog *(steeds)* todavía
nog niet todavía no
noodgeval la emergencia
noodrem el freno de emergencia
nooduitgang la salida de emergencia
nooit nunca
noorden el norte
noot la nuez
nu ahora
nudist(e) el/la nudista
nummer el número
nummerplaat la matrícula
nuttig útil

ober! ¡camarero!
ochtend la mañana
oester la ostra
of o
of ... of ... o bien ... o ...
oké vale
olie el aceite
olijf la aceituna
olijfboom el olivo
olijfolie el aceite de oliva

om drie uur a las tres
omdat porque
omelet la tortilla
omheining la cerca
onder debajo de ...
onderkleding la ropa interior
onderrok la combinación
ongeval el accidente
ongeveer (zestien) alrededor de (dieciséis)
ongewoon poco común
onmiddellijk inmediatamente
onmogelijk imposible
ons/onze *(enk.)* nuestro, nuestra, *(mv.)* nuestros, nuestras
  het is voor ons es para nosotros/nosotras
  geef het ons dénoslo
  het is de onze es nuestro
ontbijt el desayuno
ontkennen negar
ontsmettingsmiddel el antiséptico
ontsteking la infección
ontvangst la recogida
ontvangstbewijs el recibo
ontwikkelen revelar
oog el ojo
oogarts el oculista
ook también
oom el tío
oor la oreja
oorhangers los pendientes
oorkussen la almohada
oorlog la guerra
oosten el este
open abierto
openen abrir
operatie la operación
oploskoffie el café instantáneo
opstaan levantarse

WOORDENBOEK

opstijgen *(het vertrek van een vliegtuig)* el despegue
opzettelijk a propósito
oranje naranja
orgaan el órgano
orkest la orquesta
oud viejo
  hoe oud bent u? ¿cuántos años tiene?
ouders los padres
oven el horno
overal por todas partes
overblijven quedar
  er blijft niets over no queda nada
overkant el otro lado
  hij is aan de overkant está al otro lado de la calle
overzetboot el ferry
overzetten hacer transbordo

paar el par
paddestoel la seta
pak el paquete
pak *(kleding)* el traje
  het pak staat je goed el traje te va bien
pakje sigaretten la cajetilla
paleis el palacio
pannenkoeken las crepes
pantoffel la zapatilla
panty los pantis
papa papá
papier el papel
paraffine la parafina
paraplu el paraguas
pardon ¡perdón!
parel la perla
parfum el perfume
park el parque
parkeren aparcar

partij el partido
paspoort el pasaporte
passagier el pasajero
pasta la pasta
pastei el pastel
peer la pera
pen la pluma
pennenmes la navaja
penvriend el amigo por correspondencia
penvriendin la amiga por correspondencia
peper *(rood, groen)* el pimiento
per nacht por noche
perfect perfecto
permanent la permanente
perron el andén
perzik el melocotón
peterselie el perejil
piano el piano
picknick el picnic
pijn el dolor
pijnboom el pino
pijp la pipa
piket *(tent)* la estaca
piloot el piloto
pindanoten los cacahuetes
pistool la pistola
pizza la pizza
plaat *(muziek)* el disco
plaats el lugar, el sitio
plant la planta
plastic el plástico
plastic zakje la bolsa de plástico
platenspeler el tocadiscos
platenwinkel la tienda de discos
plattegrond van Madrid un plano de Madrid
platteland el campo
plein la plaza

WOORDENBOEK

poeder el polvo
politie la policía
politieagent el policía
politiebureau la comisaría
politiek la política
pony *(haar)* el flequillo
pop la muñeca
popmuziek la música pop
porselein la porcelana
portefeuille la cartera
portier, conciërge el portero, el encargado
porto el oporto
Portugal Portugal
Portugees portugués
post el correo
postbode el cartero
posten echar al correo
poster el póster
postkantoor (la oficina de) Correos
postzegel el sello
potlood el lápiz
potloodslijper el sacapuntas
praatje la charla
praten hablar
priester el cura
privaat privado
proberen intentar
probleem el problema
proper limpio
publiek público
punt la punta
purper morado
pyjama el píjama
Pyreneeën los Pirineos

raam la ventana
raar raro
radiator el radiador
radijs el rábano

radio la radio
rat la rata
receptionist(e) el/la recepcionista
recht el derecho
rechts a la derecha, a mano derecha
record el récord
reeds ya
regel la regla
regen la lluvia
regenbui el chaparrón
regenjas la gabardina
regenmantel el chubasquero
regering el gobierno
reinigingslotion la leche limpiadora
reinigingsvloeistof *(voor lenzen)* la solución limpiadora
reis el viaje
reisagentschap la agencia de viajes
reischeque el cheque de viaje
reiswieg el capazo
rekening la cuenta
rekenmachine la calculadora
rem el freno
remmen frenar
reserveren reservar
reservering la reserva
rest el resto
restaurant el restaurante
restauratiewagen el vagón-restaurante
retourkaartje el billete de ida y vuelta
reuk el olor
riem el cinturón
rij *(in winkel)* la cola
rijbewijs el carnet de conducir
rijden *(besturen)* conducir
rijk rico
rijm *(vorst)* la escarcha
rijp maduro

WOORDENBOEK

rijst el arroz
ring el anillo
ritssluiting la cremallera
rivier el río
robijn el rubí
rockmuziek el rock
roeiboot la barca de remos
roeien remar
roeiriemen los remos
roepen gritar
roken fumar
rolstoel la silla de ruedas
roltrap la escalera mecánica
roman la novela
rond redondo
rood rojo
rood *(wijn)* tinto
roodgebakken *(steak)* poco pasado
rook el humo
room la nata
roos la rosa
rots la roca
rozijnen las pasas
rubber la goma
rubberlaarzen las botas de agua
rug la espalda
rugzak la mochila
ruiken oler
ruïnes las ruinas
rum el ron
rundvlees la carne de vaca
rustig tranquilo

salade la ensalada
salon el salón
samen juntos
sandalen las sandalias
sauna la sauna
saus la salsa
sauspan el cazo

schaar las tijeras
schaatsen patinar
schade la avería
  ik heb schade aan mijn wagen opgelopen he tenido una avería
schakelaar el interruptor
schaken el ajedrez
scheerbeurt un afeitado
scheermesjes las cuchillas de afeitar
scheerschuim la espuma de afeitar
schelp la concha
schilderij la pintura
schoenen los zapatos
schoensmeer la crema de zapatos
school la escuela
schoppen *(kaarten)* picas
Schot el escocés
Schotland Escocia
Schots escocés
Schotse la escocesa
schouder el hombro
schreeuwen gritar
schrift el cuaderno
schrijfmachine la máquina de escribir
schrijfpapier el papel de escribir
schroef el tornillo
schroevendraaier el destornillador
schudden agitar
servet la servilleta
shampoo el champú
sherry el jerez
sherry, droge fino
short los pantalones cortos
sigaar el puro
sigaret el cigarrillo
sinaasappel la naranja
sinaasappeljam la mermelada de naranja

WOORDENBOEK

sinaasappelsap el zumo de naranja
sjaal la bufanda
sjaal *(omslagdoek)* el chal
ski's los esquís
skiën esquiar
skistation la estación de esquí
sla la lechuga
slaapkamer el dormitorio
slaappil el somnífero
slaapwagen el coche-cama
slaapzak el saco de dormir
slagerij la carnicería
slank delgado
slapeloosheid el insomnio
slapen dormir
slecht malo
slechter peor
slechtste (el) peor
sleutel la llave
slip los calzoncillos
sluiten cerrar
  gesloten cerrado
sluiter *(fototoestel)* el obturador
smaak el sabor
smal estrecho
sneeuw la nieve
sneeuwstorm la ventisca
snel rápido
snelheid la velocidad
snelweg la autopista
snijden cortar
snit la cortadura
snoepje el caramelo
snor el bigote
soep la sopa
sokken los calcetines
sollicitatieformulier el impreso de solicitud
soms a veces
souvenir el recuerdo

Spaans español
Spaanse la española
spade la pala
Spanjaard el español
Spanjaarden los españoles
Spanje España
spel el juguete
speld el alfiler
spelen jugar
spiegel el espejo
spin la araña
spinazie las espinacas
spoorweg el ferrocarril
sportschoenen los zapatos de deporte
spreken hablar
  spreekt u ...? ¿habla ...?
  ik spreek geen ... no hablo ...
spuitwater la soda, agua con gas
stad la ciudad
stad-/gemeentehuis el ayuntamiento
stadslichten las luces de posición
standbeeld la estatua
station la estación
steak el filete
steken *(insect)* picar
stelen robar
  het is gestolen lo han robado
stem la voz
ster la estrella
sterk fuerte
sterven morir
stier el toro
stierengevecht la corrida de toros
stierenvechter el torero
stoel la silla
stof *(materiaal)* la tela
stofdoek el trapo del polvo
stofzuiger la aspiradora

WOORDENBOEK

stookolie fuel-oil
stoomboot el vapor
stop! ¡alto!
stopcontact el enchufe
stoppen parar
storm la tormenta
straal la raya
straat la calle
strand la playa
strandbal el balón de playa
strijken planchar
strijkijzer la plancha
stroom corriente
student(e) el/la estudiante
stuk *(z. nw.)* el pedazo
stuk *(kapot)* roto
suiker el azúcar
supermarkt el supermercado
supplement el suplemento
surfplank la tabla de windsurfing
sweater la sudadera
sympathiek simpático
synagoge la sinagoga

taal el idioma, la lengua
taart la tarta
tabak el tabaco
tablet la pastilla
  tabletten tegen keelpijn las pastillas para la garganta
tafel la mesa
talkpoeder los polvos de talco
tampons los tampones
tand el diente
tandarts el/la dentista
tandenborstel el cepillo de dientes
tandpasta la pasta dentífrica
tante la tía
tapijt la alfombra
taxfree libre de impuestos

taxfree-shop el duty-free
tegen contra
tegenover enfrente de
telefoneren llamar por teléfono, telefonear
telefoniste la operadora
telefoon el teléfono
telefooncel la cabina telefónica
telefoongids la guía telefónica
telegram el telegrama
televisie la televisión
temperatuur la temperatura
tent la tienda (de campaña)
tentstok el mástil
teruggeven devolver
terugkeren volver
terugnemen recobrar algo
theaterstuk la obra de teatro
thee el té
thermos el termo
thuis en casa
ticket el billete
tijd el tiempo
tijdens durante
tijdschrift la revista
toast la tostada
toerist el/la turista
toeter el claxon
tolk el/la intérprete
tolken interpretar
tomaat el tomate
tomatensap el zumo de tomate
tong la lengua
tonic la tónica
toren la torre
tot hasta
traag lento
tractor el tractor
traditie la tradición
trainingspak el chandal

WOORDENBOEK

trap la escalera
trein el tren
trekken tirar de
trui el jersey
tuin el jardín
tunnel el túnel
tussen entre ...
tv-scherm la pantalla
tweede el segundo
tweeling los gemelos
tweepersoonskamer la habitación doble

u Usted
  het is van u es suyo
  is dit van u? ¿es suyo esto?
ui la cebolla
uitgang la salida
uithalen sacar
uitnodiging la invitación
uitrusten descansar
uitstappen *(trein)* bajar
universiteit la universidad
uur la hora
uurrooster el horario
uw *(enk.)* su, *(mv.)* sus
  uw kamer su habitación
  uw boeken sus libros

vaak a menudo
vaarwel adiós
vaas el jarrón
vaatwasmachine el lavavajillas
vader el padre
vakantie las vacaciones
vallei el valle
vandaag hoy
vanille la vainilla
vannacht esta noche
varkensvlees la carne de cerdo

veel mucho
  veel beter mucho mejor
  veel trager mucho más despacio
  te veel demasiado
veer el muelle
veertien dagen *(twee weken)* la quincena
vegetarisch vegetariano
veiligheidsgordel el cinturón de seguridad
veiligheidsspeld el imperdible
veld el campo
ventiel el pistón
ventilator el ventilador
ver lejos
  hoe ver is...? ¿qué distancia hay a ...?
verdeler *(auto)* el distribuidor
verdieping el piso
Verenigde Staten Estados Unidos
vergadering la reunión
vergeten olvidar
vergif el veneno
vergissing la equivocación
vergroting la ampliación
vergunning el permiso
verhuizen mudarse (de casa)
verjaardag el cumpleaños
verjaardagsgeschenk el regalo de cumpleaños
verkeer el tráfico
verkeerd equivocado
verkeerslicht el semáforo
verkeersopstopping el atasco
verkeersreglement el código de la circulación
verkiezen preferir
verkopen vender
verkoudheid un resfriado
  ik ben verkouden tengo un

WOORDENBOEK

resfriado
verlengkabel el cable alargador
verloofd prometido
verloofde el novio/la novia
vermaak las diversiones
vers fresco
verscheidene varios
verschillend, anders distinto, diferente
   dat is wat anders! ¡eso es distinto!
   ik zou graag een andere willen querría otro/distinto
verschrikkelijk horrible
versnellingspook la palanca de velocidades
vertaalster la traductora
vertalen traducir
vertaler el traductor
vertraging, met retrasado
   de bus heeft vertraging el autobús se ha retrasado
vertrek la salida
verveeld aburrido
verven *(haar)* teñir
verwante el pariente
verwarming la calefacción
verwelkomen dar la bienvenida
verzameling la colección
verzekering el seguro
verzilverd plateado
vet la grasa
veters los cordones (de los zapatos)
videoband la cinta de video
videocamera la videocámara
videorecorder el (aparato de) video
(een) vierde (un) cuarto
vijg el higo
villa el chalet
viltstift el rotulador
vinger el dedo

viool el violín
vis *(voedsel)* el pescado
vis el pez
visvangst la pesca
viswinkel la pescadería
vitaminen las vitaminas
vizier *(fototoestel)* el visor de imagen
vlag la bandera
vlak plano
vlees la carne
vleugel el ala
vlieg la mosca
vliegen *(reizen)* viajar en avión
vliegen *(vogels, ...)* volar
vliegtuig el avión
vlo la pulga
vloer el suelo
vlucht el vuelo
vochtig húmedo
voedselvergiftiging la intoxicación alimenticia
voertuig el vehículo
voet el pie
voetbal el fútbol
voetganger el peatón
voetpad la acera
vogel el pájaro
vol lleno
   ik zit vol estoy lleno
voldoende bastante
volgende siguiente
   volgende week la semana que viene
vol pension pensión completa
voor *(vz.)* para
   voor mij para mí
   voor wat – waarvoor? ¿para qué?
   voor een week (para) una semana
voor *(tijdsbep.)* ... antes de ...
   voor vrijdag para el viernes

WOORDENBOEK

voor *(plaatsbeschrijving)* delante de ...
  voor de deur delante de la puerta
vooral sobre todo
voorbeeld el ejemplo
voorbehoedsmiddel el anticonceptivo
voorbij, als het feest voorbij is cuando termine la fiesta
voorkeur, de – geven aan preferir
voornaam el nombre de pila
voorschrift la receta
voorstad las afueras
voorzichtig prudente
  wees voorzichtig! ¡cuidado!
vorige week la semana pasada
vork el tenedor
vraag la pregunta
vrachtwagen el camión
vriend el amigo
vriendin la amiga
vrij libre
vroeg temprano
vrolijk alegre
vrouw la mujer
vuil sucio
vuilnis la basura
vuilnisemmer el cubo de la basura
vuilniszak la bolsa de basura
vulling *(beleg van sandwich)* el relleno
vulling *(bv. van tand)* el empaste
vulpen la (pluma) estilográfica
vuur el fuego
vuurwerk los fuegos artificiales
VVV la oficina de turismo

waaier el abanico
waar? ¿dónde?
waarom? ¿por qué?

wablief? ¿cómo dice?
wacht! ¡espere!
wachten esperar
wachtzaal la sala de espera
wagon el vagón
walkman el walkman ®
wand la pared
wandelen andar
wandeling el paseo
wandtapijt el tapiz
wanneer? ¿cuándo?
warm caliente
warm *(weer)* caluroso
wasautomaat la lavandería automática
wasgoed, gewassen la colada
wasgoed, vuil la ropa sucia
wasknijper la pinza
wasmiddel el detergente
wastafel el lavabo
wat? ¿qué?
  wat betekent dit? ¿qué significa esto?
water el agua
waterketel el hervidor de agua
waterval la cascada
waterverwarmer el calentador (de agua)
watten el algodón
wc el retrete
wc-papier el papel higiénico
week la semana
weg el camino
  weg, hij is weg no está
  ga weg! ¡lárguese!
wegwerpluiers pañales desechables
wekker el despertador
welk ¿cuál?
wenen llorar

WOORDENBOEK

werk el trabajo
werken trabajar
wesp la avispa
westen el oeste
weten saber
  ik weet het niet no sé
whisky el whisky
wie? ¿quién?
wiel la rueda
wij nosotros/nosotras
  wij zijn het somos nosotros/nosotras
  wij zijn somos/estamos
wijn el vino
wijnhandelaar el vinatero
wind el viento
winkel la tienda
winkelen ir de compras
wissel el cambio
wisselen cambiar
wisselen (het) el cambio
wit blanco
wodka el vodka
wol la lana
wond la herida
woord la palabra
woordenboek el diccionario
worstje la salchicha
wortel la zanahoria
woud la selva

yoghurt el yogur

zaak, handel el negocio
  dat zijn uw zaken niet no es asunto suyo
zachte lenzen las lentes de contacto blandas
zak la bolsa
zakdoek el pañuelo
zakje *(snoep)* la bolsa
zakkenroller el carterista
zakmes la navaja
zalf la pomada
zalm el salmón
zand la arena
zee el mar
zeekreeft las cigalas
zeep el jabón
zeevruchten mariscos
zeggen decir
  wat hebt u gezegd? ¿qué ha dicho?
  hoe zegt men ...? ¿cómo se dice ...?
zeil(sport) la vela
zeilboot el balandro
zeker cierto, seguro
zeldzaam raro
zenuwcrisis la crisis nerviosa
zetten poner
zich bewegen moverse
zich omkleden cambiarse
zich ontspannen relajarse
zich scheren afeitarse
zich verbranden quemarse
zicht la vista
ziek enfermo
ziekenhuis el hospital
ziekenwagen la ambulancia
zien ver
  ik zie niet no veo
zij *(enk.)* ella, *(mv.)* ellos/ellas
  zij zijn het son ellos/ellas
  zij zijn son/están
zijde la seda
zijn ser, estar
  we waren éramos/estábamos
  hij/zij/het was era/estaba
  jij was eras/estabas

WOORDENBOEK

zij waren eran/estaban
er is hay ...
er was/waren había(n)
zijn, hij was estaba/era
is es/está
jij bent eres/estás
zijn *(bez.vnw) (enk.)* su, *(mv.)* sus
  zijn boek su libro
  zijn schoenen sus zapatos
  zijne, het is het/de es suyo
zilver la plata
zingen cantar
zinnenboek el libro de frases
zitplaats el asiento
zitvlak el trasero
zoals tan como
zo snel mogelijk lo antes posible
zoet dulce
zoet *(sherry)* oloroso
zon el sol
  de zon schijnt hace sol
zonder sin
zonnebrand la quemadura de sol
zonnebril las gafas de sol
zonnehoed el sombrero
zonnemelk la loción bronceadora
zonnen tomar el sol
zoo el zoo
zoon el hijo
zout la sal
zoveel tanto
  niet zoveel no tanto
zowel ... als ... tanto ... como ...
Zuid-Amerika Sudamérica
zuiden el sur
zuster la hermana
zwaar pesado
zwart negro
zwarte bessen las grosellas negras
zweet el sudor
zwembad la piscina
zwemmen nadar
zwempak el bañador
zweten sudar
zwijgzaam callado